21 世纪教学活动设计案例精选丛书

小学品德与生活(社会)教学活动设计案例精选

丛书主编　禹　明
本册主编　刘道溶
副 主 编　王小维

北京大学出版社
PEKING UNIVERSITY PRESS

图书在版编目(CIP)数据

小学品德与生活(社会)教学活动设计案例精选/禹明丛书主编. —北京：北京大学出版社，2012.3
(21 世纪教学活动设计案例精选丛书)
ISBN 978-7-301-20242-5

Ⅰ. ①小… Ⅱ. ①禹… Ⅲ. ①思想品德课－教学设计－小学②社会科学课－教学设计－小学 Ⅳ. ①G623.102

中国版本图书馆 CIP 数据核字(2012)第 021978 号

书　　　名：小学品德与生活(社会)教学活动设计案例精选
著作责任者：禹　明　丛书主编　刘道溶　本册主编
策　　　划：周雁翎
责 任 编 辑：李淑方
标 准 书 号：ISBN 978-7-301-20242-5/G·3339
出 版 发 行：北京大学出版社
地　　　址：北京市海淀区成府路 205 号　100871
网　　　址：http://www.jycb.org　http://www.pup.cn
电 子 信 箱：zyl@pup.pku.edu.cn
电　　　话：邮购部 62752015　发行部 62750672　编辑部 62767346　出版部 62754962
印 　刷 　者：北京大学印刷厂
　　　　　　787 毫米×1092 毫米　16 开本　14 印张　290 千字
　　　　　　2012 年 3 月第 1 版　2017 年 8 月第 3 次印刷
定　　　价：32.00 元

未经许可，不得以任何方式复制或抄袭本书之部分或全部内容。
版权所有，侵权必究
举报电话：(010)62752024　电子信箱：fd@pup.pku.edu.cn

序

朱慕菊

当今世界正在发生着深刻的变化。社会的发展决定了教育必须跟上时代的步伐,因此,教育必须朝着适应未来的方向进行深刻的变革。自2001年9月启动我国新一轮基础教育课程改革以来,中小学的课堂里正在发生着质的变化,课程改革的理念已在基础教育改革的实践中得到广泛认同。

课堂教学设计是教学中的一个重要环节,是教学的目的性、过程性、科学性与艺术性的统一,不但需要深厚的教育理论作支撑,而且需要适切运用丰富多样的教学方法和教学技术。本丛书编写者长期以来坚持以新课程的理念为指导,对课堂教学进行了深入的探索,获得了有益的经验。

第一,在教育理论与实践的结合上进行了有益的探索。长期以来,教师们普遍认为系统而复杂的教学理论不易被有效地运用于课堂教学中。而在新课程推进过程中,教师们努力学习新课程所倡导的教学理论,并积极探索与实践的结合,特别注重把教学理论和研究成果运用于实际教学,指导教学工作,同时也注重将教师的教学经验总结上升到理论层面。事实证明,理论必须与实践不断结合才能为教师所掌握和运用;同样,也只有经常性地反观课堂教学实践,对其进行深度思考与梳理,才能使教学认识上升到理性的高度。这套《21世纪教学活动设计案例精选丛书》正是积极探索教育理论与实践相结合的产物。

第二,在教师的专业发展上进行了有益的探索。新课程的推进既向教师提出了巨大的挑战,同时也应看到,它更是教师专业发展的极好机遇。教师工作的性质决定了它不是机械的重复。教师既要坚定不移地贯彻落实党的教育方针,同时作为专业人员还必须遵循少年儿童心理发展的规律,谙熟他们的需求,掌握学科教学的内容与方式。在当今社会快速发展的背景下,教师的专业修养也需要与时俱进。因此,新课程所倡导的学生学习方式的变革、教师教学方式的变革,都需要教师在工作岗位上不断思索,不断进步,实现其专业发展。而本丛书编写者正是深刻理解了教师专业发展对于推进新课程的重要性，他们想方设法促使教师对自己的课堂教学进行自觉的反思与总结，引导教师们在理论与实践之间进行反复的"对话"，并将"对话"的结果以课堂教学设计的形式表达出来，帮助教师整理了教学思想，提升了教育理念，促进了教师专业的发展。

第三，在改变课堂教与学的方式上进行了有益的探索。查尔斯·赫梅尔在《今日的教育为了明天的世界》中指出，在百科全书式的知识已经过时、百科全书比老人老得还快的大变革时代里，教师再也不能仅限于传授知识，而需要"唤醒不被知晓或沉睡中的能力，使得每个人都能分享到人们完全能够发挥自己才能的幸福"。因此，改变教与学的方式成为本次课程改革追求的重要目标之一。这套丛书正是以改变教与学的方式为突破口，对课堂教学如何体现学生的主体地位，如何突出知识的建构过程，如何增强学生的情感体验，如何使学生形成正确的价值观等方面的问题作了大量深入的探索。这套丛书中的教学设计虽然侧重活动性，但每一个教学活动的设计都力图向人们反映一种理念：只有将学习任务转化为学生的自我需求，才能真正唤起学生的求知欲望，才能真正激活学生学习的内在动力，才能真正使学生成为学习的主人。

衷心希望这套丛书能够为全国的中小学教育工作者提供借鉴。

2012年2月

（朱慕菊：国家基础教育课程教材专家工作委员会秘书长）

前 言

禹 明

　　最近，国家九年义务教育课程标准正式公布了。在总结我国十多年来基础教育课程改革经验的基础上，教育部正式公布的国家九年义务教育课程标准在强调德育领先、坚持渗透社会主义核心价值观的同时，特别强调了对学生创新精神和实践能力的培养。而要实现这一点，我们就要继续转变中小学课堂教学方式，在课堂上尊重学生，充分调动学生的积极性和主动精神，培养学生的批判性思维和学生的实践能力。为了学习，落实国家九年义务教育课程标准的精神，帮助中小学教师转变课堂教学方式，北京大学出版社出版了《21世纪教学活动设计案例精选丛书》，以帮助中小学各学科教师更好地在国家九年义务教育课程标准的指导下，研究课堂教学，改进课堂教学，提高基础教育的教育质量。

　　我们一直强调教学过程的重要性。因为学生知识的获取，能力的提升，情感的变化都是在教学过程中逐步实现的。教学过程要由一个一个教学活动构成。要想实现有效的教学过程，一定要设计好每一个教学活动，使教学活动符合学生的认知发展水平，符合学生的实际生活经历。在设计教学活动时，要考虑在活动中学生学什么？怎样学？学得怎样？要考虑如何让学生主动学习，合作学习，探究学习。一堂课是否有效与课堂教学活动的好坏正相关，学生是否能成为课堂学习的主人也与课堂教学设计的好坏正相关。因此，研究课堂教学活动的设计是课程改革的需要，是落实国家九年义务教育课程标准的需要，也是中小学教师专业发展的需要。

　　《21世纪教学活动设计案例精选丛书》的编写不以某一版本的教材为依据。它是根据基础教育课程改革的基本理念，依据国家九年义务教育课程标准编写的。这就使本丛书具有普适性，可供使用任何版本教材教学的中小学教师参考使用。本丛书收集的活动设计，有别于教育教学案例，它是课堂教学中的某个教学环节，或是精心设计的导入，或是针对具体学习任务而设计的小游戏。每一个教学活动设计体现了以学生为主体的理念，而且经过了多年教学实践的检验，行之有效。由于丛书提供的活动类型多样,宛如一个课堂教学活动设计的"超市",各个学科的教师完全可以根据自己教学的实际需要,任意选用或组合,也可以在现有基础上改造与创新。在编写本丛书时,我们并没有强求体例一致,这样,我们可以保存每个教学活动设计的个性与特点,体现教学活动设计的多元化。对于广大的一线中小学教师而言,本丛书是实用的教学参考书,因为本丛书的作者都是来自教学第一线,他们的教学活动设计就是在教学第一线产生的。

《21世纪教学活动设计案例精选丛书》是一套"草根"作品,散发着浓浓的芳草气息,而课程改革的春天不正是弥漫着这股清香味么?愿同行们喜欢它,也期待着你们的指教。

2012年2月
于深圳市教育科学研究院

(禹明:特级教师,教育部教师教育课程资源专家委员会专家,教育部"国培计划"首批教师培训专家,教育部九年义务教育课程标准综合审议专家,教育部外国人子女学校认证专家组专家,深圳大学师范学院兼职教授,教育硕士导师)

编 者 说 明

师范院校的教师职业技能培养的严重缺失,课程改革培训中重理论轻教法的倾向,教师职业技能方面专业引领的不足,这些是导致课程改革中出现诸多问题的重要原因。改变教师的教育理念非常重要,但新的理念不是自然而然地就能转化为新的教学设计和行为的。在这个过程中需要专业技能的支撑,比如如何上好讨论课,如何通过游戏使学生掌握英语的时态,如何使学生通过有趣的活动认识数学的抽象概念,如何让学生通过讨论春游的安排了解人民代表大会的议事程序,等等。新的课程理念只有在这些细节的落实之处才能真正体现出来——这就是我们编写这套《21世纪教学活动设计案例精选丛书》的初衷。

谁是教师职业技能培养的引领者？是那些将自己的热情和智慧奉献给课程改革事业的富有创造性的教师们。南山区的教师们在这方面作出了有益的探索。本套丛书所收集的活动,不同于以往的案例,它是课堂上的一个教学环节,或是一种精心设计的导入,或是一个针对具体的学习任务而设计的小游戏……每一个活动设计都体现了以学生为主体的理念,都已经被教学实践证明是行之有效的好方法。

这套丛书没有依据某一个版本的教材,而是按照课程改革的理念,依据课程标准编写的,这就使得这套丛书具有了普适性,使用任何版本教材教学的教师都可以使用。其中所设计的活动的类型多种多样,宛如一个课堂活动的"超市",教师可以根据自己教学的需要,任意选用和组合。即便是每本书或每个设计,我们也没有强求体例一致,我们想让每个教师鲜明的个性跃然纸上。这套丛书是教师的实用参考书。

当教师们的职业技能逐渐提高的时候,课程改革的事业就会展现出更加绚丽的前景！我们编写本套丛书的目的,是希望为提高教师的职业技能贡献一份力量。我们也期待热心的读者提出宝贵的意见。

目　录

序 ………………………………………………………… 朱慕菊（1）
前言 ……………………………………………………… 禹　明（3）
编者说明 …………………………………………………………（5）

一年级上册

我是小学生啦 ……………………………………………………（1）
上学去 ……………………………………………………………（5）
安安全全上学 …………………………………………………（10）
注意交通安全 …………………………………………………（13）
守秩序，讲安全 ………………………………………………（15）
祖国真美丽 ……………………………………………………（18）
今天是你的生日，祖国 ………………………………………（20）
丰收的喜悦 ……………………………………………………（23）
和秋天一起玩 …………………………………………………（25）
秋天，收获的季节 ……………………………………………（27）
我爱我的家 ……………………………………………………（31）
我的家 …………………………………………………………（34）
新年到了 ………………………………………………………（36）

一年级下册

寒假生活交流会 ………………………………………………（39）
春节不休息的叔叔阿姨 ………………………………………（42）
新学期，新的我 ………………………………………………（44）
春天在哪里 ……………………………………………………（46）
春天来了 ………………………………………………………（49）
我和春风一起玩 ………………………………………………（52）
"金点子"行动 …………………………………………………（54）
"六一"大行动 …………………………………………………（56）
开心"六一" ……………………………………………………（58）
我的这一年 ……………………………………………………（61）

我长大了 ………………………………………………… (64)
二年级生活什么样 ………………………………………… (67)
健康、安全要牢记 ………………………………………… (69)

[二年级上册]

了解我的身体 ……………………………………………… (72)
保护耳朵 …………………………………………………… (74)
保护眼睛 …………………………………………………… (77)
粮食来得真不容易 ………………………………………… (80)
我们这里的农产品 ………………………………………… (83)
诚实故事会 ………………………………………………… (85)
夸夸诚实的孩子 …………………………………………… (88)
诚实的孩子人人夸 ………………………………………… (90)
我们生活的地方真方便 …………………………………… (94)
爱护我们的生活环境 ……………………………………… (97)
比比谁的小区美 …………………………………………… (99)
水之声 ……………………………………………………… (102)
我们的生活离不开水 ……………………………………… (105)
变来变去的水 ……………………………………………… (107)
保护水,节约水 …………………………………………… (110)
节约用水,保护资源 ……………………………………… (112)
从身边的小事做起 ………………………………………… (116)

[二年级下册]

集体生活真愉快 …………………………………………… (119)
我为集体添光彩 …………………………………………… (121)
保护森林,节约用纸 ……………………………………… (124)
节约用纸,保护环境 ……………………………………… (126)
影子的探索 ………………………………………………… (128)
我们来造彩虹 ……………………………………………… (131)
好大的一个家 ……………………………………………… (134)
好壮丽的一个家 …………………………………………… (136)

[三年级上册]

温暖的家 …………………………………………………… (139)
爸爸、妈妈抚育我 ………………………………………… (142)
我懂事了 …………………………………………………… (144)
生活中的安全 ……………………………………………… (146)
合作力量大 ………………………………………………… (149)

让我们学会合作……………………………………………………………(152)
我和小伙伴……………………………………………………………(155)
我心中的老师…………………………………………………………(159)
我们遵守规则…………………………………………………………(162)
为我们生活服务的人…………………………………………………(165)
友爱残疾人……………………………………………………………(168)
我做贺卡送祝福………………………………………………………(171)
爷爷、奶奶好…………………………………………………………(174)
社区少先队员…………………………………………………………(177)
各种各样的社区………………………………………………………(181)
说说我们生活的社区…………………………………………………(184)
社区应该更美好………………………………………………………(187)
爱护校园环境…………………………………………………………(190)
为了我们共同的需要…………………………………………………(193)
移动的画板……………………………………………………………(195)
地图就是一幅画………………………………………………………(198)
合理购物 ABC…………………………………………………………(202)
价格的秘密……………………………………………………………(206)
快快乐乐逛超市………………………………………………………(209)

一年级上册

我是小学生啦

【设计理念】
　　通过开展学生喜欢的各种活动和游戏来激发其对学校生活愉快、积极的体验,让他们逐步了解学校,认识和熟悉新朋友,并能按照一个小学生的标准来要求自己,尽快适应小学的学习生活。

【活动目标】
　　1. 情感态度价值观
　（1）体验集体生活的愉快和作为小学生的自豪感。
　（2）喜欢学校,对学校生活抱有积极态度。
　（3）树立小学生初步的独立性和责任感。
　（4）具有安全意识和规则意识。
　　2. 行为与习惯
　（1）与同学、老师热情礼貌地交往,尊敬老师,团结同学。
　（2）适应小学生活的作息习惯、生活习惯,遵守《小学生守则》和学校纪律。
　（3）遵守交通规则和社会行为规范。
　　3. 知识与技能
　（1）具有自我介绍、人际交往的方法和技能,具有适应新环境的能力。
　（2）具备了解、观察新环境的能力,能表达自己的所见所闻,并学会初步的记录方法。
　（3）学习一些生活自理的技能和为集体服务的初步技能。
　（4）具有初步的自我保护能力。

【教学预备活动】
　　1. 学生实态:
　　学生刚从幼儿园或家庭步入小学,对学校有着极大的新鲜感。他们兴奋、自豪,但也面临着身心适应问题。本班学生一般都住在学校附近,家庭条件都比较优越,90％以上是独生子女,父母均有一定的教育、辅导能力,能协助学校共同教育孩子。
　　2. 课前准备:
　　少儿故事、有关小学生杂志、挂图、灯片、计算机课件。

【活动过程】

活动一 "上学真快乐"

序号	活动主题	活动目的	活动方式	学生活动预测	活动引导预案
1	我的新朋友——书和文具	教育学生爱护自己的书和文具	游戏和竞赛	讨论、介绍自己的新朋友	引导学生养成良好的习惯
2	学校生活多么好	了解学校,感受学校生活的乐趣	活动和游戏	引发学生进行讨论和交流	引导学生表达自己对学校生活的感受
3	如何解决学校生活中的困难和问题	使学生尽快适应学校生活	学生提出自己的困难和问题	师生之间互相帮助,解决问题	引导学生提出问题并共同寻求解决问题的办法
4	我们的愿望	让愿望成为激励学生进取的指南	讨论和活动	学生广泛发言,互相交流	引导学生把自己的愿望和实现的方法记录下来

活动二 "了解我们的学校"

序号	活动主题	活动目的	活动方式	学生活动预测	活动引导预案
1	了解我们的学校	激发学生对学校的喜爱和上学的自豪感,满足他们对环境的好奇心,培养了解环境的能力	以小记者的身份参观校园,访问学校的老师、同学	熟悉了解学校,对周围环境感兴趣,尽快适应环境	引导学生进行观察记录并主动交流自己的所见所闻
2	我心中的校园	让学生喜欢学校,对学校生活抱有积极态度	班会交流,或用绘画、纸工泥塑等形式表现和创造	更加热爱学校,以能在这样的学校学习而自豪	引导学生选择自己最喜欢的地方进行制作,选最感兴趣的事情进行交流

活动三 "我们小学生要这样做"设计

序号	活动主题	活动目的	活动方式	学生活动预测	活动引导预案
1	小学生要这样做	有作为小学生的初步的独立性和责任感,有初步的社会角色意识	参观、讨论	了解并遵守小学生的行为规范,有为集体服务的初步技能	引导学生观察大哥哥姐姐的学习生活习惯,体验规则和秩序对自己生活的重要性,树立愿为集体服务的意识
2	养成良好习惯,适应学校生活	初步养成良好的学习、劳动与生活的习惯	讨论、竞赛、游戏	掌握自我保护、生活自理的技能,养成良好的行为习惯	引导学生开展讨论,制定作息时间表,开展"进步列车"游戏,进行清理书包或穿衣服、系鞋带比赛

活动四 "遵守交通规则,安安全全上学"

序号	活动主题	活动目的	活动方式	学生活动预测	活动引导预案
1	安安全全上学	熟悉重要的交通和安全标志,遵守交通规则,注意安全上学和回家	讨论、交流	增强自我保护意识,能安全地上学、回家	引导学生注意自己上学途中的不安全因素,进行"这样做对不对"的讨论
2	我是交通民警	熟悉一些交通规则,并能自觉遵守	模拟游戏	寓学习知识于活动游戏之中	创设情境,让学生在活动游戏中学到知识、得到提高

【学习评价】

1. 在新的集体中心情是否愉快,是否表现出作为小学生的自豪感。

2. 是否愿意与同学、老师交往,主动去认识、了解同学,用适合自己情况的方式与同学交往。

3. 能尽快熟悉并适应学校环境,体验集体生活的愉快。

4. 敢于把不愉快的事、沮丧的情绪和令人烦恼的问题真实地表达出来,并与大家一起寻求解决的办法。

【教学反思】

通过"上学真快乐"活动,学生很快地进入了角色,适应了学校的学习生活,并能够在学习过程中体验快乐。由于有了愉快体验,在"了解我们的学校"、"我们小学生要这样做"和"遵守交通规则,安安全全上学"等活动中,学生表现出了极高的热情和积极性。

(深圳市卓雅小学　戴灿荣)

上 学 去

【设计理念】

　　品德与生活课是以儿童的生活为基础,以培养品德良好、乐于探究、热爱生活的儿童为目标的活动型综合课程。因此,本课教学设计主要联系学生的生活实际,让学生在活动、游戏中得到感受、体验、探究和领悟,培养学生情感交流的能力和良好的生活习惯。

【活动目标】

　　1. 知道上学前、上学时应注意的事项,自觉遵守小学生日常行为规范。

　　2. 了解十字路口的交通标志及交通规则,知道交通安全的重要性,自觉遵守交通规则。

　　3. 了解一些自然常识及生活、卫生常识,养成良好的卫生习惯及生活规律。

　　4. 培养热爱生命,珍惜生命的情感。

【教学预备活动】

　　1. 学生实态:

　　学生刚刚从幼儿园进入小学,在思想意识和行为习惯上还没有完全适应学习环境和学习习惯的转换,头脑中还没有什么"规"和"矩",再加上他们生性好动,安全意识淡薄,自控力差,缺乏常识。

　　2. 课前准备:

学生准备:

（1）准备"红、黄、绿"灯牌各1个。

（2）准备相关的情境。

教师准备:

（1）计算机课件,相关歌曲录音带及儿歌。

（2）布置学生围坐成一个十字路口,布置一个斑马线。

（3）课前带领学生到实践基地(十字路口)识别红绿灯、斑马线,体验交通规则的具体操作。

（4）教会学生相关游戏规则。

【活动过程】

　　切入主题:演唱歌曲《上学歌》。

　　　　　　　太阳天空照,

　　　　　　　花儿对我笑。

小鸟说：早早早！
你为什么背上小书包？
我去上学校，
天天不迟到。
爱学习，爱劳动，
长大要为人民立功劳。

师：在清新美丽的早晨，小学生背着书包快快乐乐上学去。上学前、上学时和放学后，我们应该注意哪些事情呢？这节课，只要你认真学习就一定能够找到答案。

活动一　上学前

目标：知道上学前该怎样做，培养学生良好的生活习惯。

【教学内容】

运用课件，引导学生总结身边的生活经验，诵读"早餐歌"，发挥学生参与活动的自主性，知道上学前要自己做自己的事情和吃好早餐的重要性。

【活动方式】

课件出示相关动画

1. 看一看，说一说

师：上学前，我们应该怎么做呢？

2. 读一读，想一想

早　餐　歌

早餐要吃好，早餐要吃饱。
上课精神好，身体长得棒。

3. 查一查，说一说

师（引导）：通过看动画，听儿歌，同学们都知道了上学前该怎么做，请你对照自己以前的做法，想一想，你以前哪些地方做得不够，你以后准备怎样改正？

活动二　上学时

目标：知道该怎样做才能做到按时上学和安全上学。

【教学内容】

这一环节，根据小学生的思维特点，从感性入手，从兴趣出发，设计了情境扮演、小裁判角色扮演。

【活动方式】

1. 演一演，评一评（表演3个情境）

师：在上学路上我们应注意什么问题，怎样才能做到按时上学呢？现在，请大家都来当当小裁判好吗？

2. 看一看,议一议(出示课件)。

(小组讨论)"这些小朋友做得对吗?为什么?"

师(提示):做到按时上学,不但要按时起床,还要做到在上学路上不贪玩、不买零食。

3. 读一读,记一记

按 时 上 学

挂钟铃铃响,我们起得早。
路上不贪玩,按时上学校

师(引导):在上学路上,我们还要注意些什么呢?想一想,怎样才能做到安全上学?

4. 看一看,说一说

播放录像,学生自主探究回答:

生1:不在大树下避雨。

生2:不靠近高压线。

生3:不到建筑工地上去玩。

生4:不听陌生人的话,不吃陌生人的东西。

生5:不攀爬交通安全防护栏横过马路。

生6:不在马路上跑和玩。

生7:穿过马路要左右看,注意来往的车辆。

生8:横过马路要走斑马线,看红绿灯,自觉遵守交通规则。

(注:看到相关的自然常识,教师要随机点拨引导。)

5. 查一查,你做到了吗?

师(结合相关录像):这些你都做到了吗?全部都做到的请拍三次手,没有做到的,请看看是哪一项没做到,要是有一项没做到的请伸出一个指头,两项就伸两个指头……

师:自觉遵守交通规则,人人有责。课前老师带领大家到十字路口认识了交通标志,体验了交通规则,现在老师来检查一下,看看你们谁掌握得最好。

活动三 实践操作

目标:创设情境,深化知识。加深对斑马线、红绿灯理解以及熟练对十字路口交通规则的运用。

【教学内容】

根据学生形象思维的特征,抓住学生爱玩的天性,结合直观的课件演示和朗读儿歌、做游戏。

【活动方式】

1. 结合课件,反馈课前在十字路口对运用交通规则的体验。

2. 诵读《十字路口红绿灯》儿歌,边读边拍手。

十字路口红绿灯

十字路口红绿灯,
红黄绿灯分得清。
红灯停,绿灯行,
黄绿灯亮快快行,
行停停行看灯明。

3. 实践操作

游戏1:十字路口红绿灯

游戏规则:请六人手举"红黄绿"灯牌,其余同学也举起红黄绿灯牌,进行识别"红绿灯"交通标志的游戏及运用交通规则,边玩边念儿歌《十字路口红绿灯》。

游戏2:红绿灯

游戏规则:请三人手举"红黄绿"灯牌站在十字路口上扮演红、黄、绿灯,请部分学生扮演过路行人,看红绿灯横过马路,大家边玩边读儿歌《红绿灯》。最后师生共同参与。

红　绿　灯

珊珊走,我也走,
我们一起手拉手。
手拉手慢慢走,
一走走到马路口。
看见红灯停一停,
看见绿灯开不走。

活动四　反思活动

目标:总结活动。

【教学内容】

活动结束时,让学生在欢快的上学歌曲表演中结束全课,这样起到了课前先入为主、课后余音在耳的作用。突出了活动的主题,让学生回味无穷。

【活动方式】

1. 音乐起,师生演唱《上学歌》。
2. 总结谈话:

师:"我去上学校,天天不迟到,爱学习,爱劳动,长大要为人民立功劳。"同学们,你们能做到吗?

师:通过这个活动,我们知道了在上学前、上学中要注意什么问题,怎样才能做到按时上学。同时我们也知道了自觉遵守交通规则,按时上学是学校一日常规的要求。希望我们都能自觉遵守,努力争取做懂交通,守纪律的好孩子。

【课后实践】

为了让这次活动进一步扩展延伸,真正实践到生活中去,让学生懂得更多交通规则,教师精心地设计了一个作业:上网或在生活环境中搜集并认识其他交通标志。

【教学反思】

1. 课堂模式的突破,带领学生走出课堂到实地体验,把教室变成游戏室,把座位变成十字路口,打破了课堂里单一、呆板的教学环境和师生相对立的空间关系,使整个课堂活跃起来,教与学巧妙融为一体,双向互动。

2. 如下活动方式的巧妙设计:

(1) 歌曲导入,创设意境。

(2) 自主探究,合作交流。

(3) 课件演示,突出难点。

(4) 游戏活动,激发兴趣。

(5) 诵读儿歌,内化知识。

(6) 鼓励评价,激励信心。

(7) 实地体验,加深印象。

3. 教师高昂的热情、亲切的笑容为教学活动营造了一个轻松、活泼、开放的氛围,师生同学习共欢乐。

(深圳市向南小学　廖清萍)

安安全全上学

【活动目标】

很多学生每天都有家长接送上学、放学,但仍然避免不了发生交通事故,主要原因是学生和家长没有遵守交通规则。因此,让学生学习交通规则、理解交通规则、自觉遵守交通规则是非常必要的。

本课体现课程标准的内容主要有:遵守交通规则,注意安全上学和回家;了解安全知识,熟悉重要的交通和安全标志;发展自我约束能力和良好的行为规范。

【活动目标】

1. 掌握基本的交通规则。
2. 认识常见的交通标志和安全标志。
3. 了解交通事故带来的伤害。
4. 培养遵守交通规则的好习惯。

【教学预备活动】

1. 学生实态:

本班学生是刚从幼儿园入学的一年级学生,他们在家里或幼儿园的时候可能接受过一些基本的交通安全知识,也从电视等媒体中了解到不少交通事故,却很少有学生亲自参加实践或真正遇到交通事故,因此在学生已经掌握初步的交通知识的基础上对他们进一步教育是非常必要的。

本班学生大多数在离学校不远的地方居住,学校处于一条交通不那么繁忙的大路上,校内有宽敞的停车场,但是上学、放学的时候,接送孩子的车非常多,每天都有很多摩托车、小汽车等在学校门前停放、行走,马路上有斑马线,但没有红绿信号灯。

2. 课前准备:

(1)玩游戏用的纸筒、磁铁,把两个磁铁贴在一起做成一个锤子的模样,用一根绳子吊起来。

(2)准备交通事故的图像、计算机课件、教师自己制作的交通标志信号灯(可简单地在纸上画红、黄、绿的灯来表示红、黄、绿信号灯)。

【活动过程】

第一环节:游戏

目的:明白遵守交通规则的重要性,引导学生注意交通问题。

操作:

1. 教师讲解游戏的规则。教师先把三个锤子状的磁铁放进纸筒,各有一根线连接外边。教师手拿着三根线,当喊一声:"开始!"的时候,把磁铁从纸筒的洞中抽出来,如果能完整无缺地把三个磁铁快速抽出来则游戏成功,反之则失败。

2. 教师示范、学生参与。有可能是一个一个磁铁顺利地抽出来的,也可能是三个同时想抽出来,但结果卡在纸筒口了,或者再使一点劲就把绳子拉断了。

3. 从遵守游戏规则引入到遵守交通规则。总结出游戏的规则:必须注意到纸筒口的大小,一个一个磁铁按顺序出来,不然就会卡住。公路上的交通也是这样,如果大家都急着一起走,可能都卡在路口了。如果按顺序有次序地走则能所有的人都顺利通过。

第二环节:我们所知道的交通事故,

目的:知道交通安全的重要性,从反例中受到教育。

操作:

1. 教师讲述由于不注意交通规则所造成的事故。如车和人相撞的事故、车和车相撞的事故以及发生在周围的事故。

2. 学生讲述自己知道的交通故事。从电视上看到的或是自己听家长说的或者是自己周围发生的故事。

第三环节:认识交通标志,按照交通标志过马路

目的:认识基本的交通标志,能根据交通标志的指示遵守交通规则。

操作:

1. 认识交通信号灯和常见的交通标志。教师把红灯、绿灯、黄灯以及注意行人、人行天桥、注意信号灯等标志展示给学生们看,并讲解它们表示的意思。

2. 练习过马路。把讲台当作马路,教师展示红绿灯标志,请学生来演示过马路的情况,教师分别展示人行道上红灯、绿灯时,学生表演是停或是走。

第四环节:一起唱安全歌

目的:牢记交通知识。

操作:

1. 教师先示范,学生们跟着学,一边打节拍一边念:红灯停,绿灯行,过马路,要看清。一站,二看,三过路,斑马线上可通行。交通标志要牢记,人人遵守保安宁。

2. 请学生来解释安全歌的意思:过马路要看清红绿灯,红灯停下来等,绿灯时要看清楚后在斑马线上过马路。

第五环节:学校附近应该注意的安全问题

目的:把学习的知识与自己的生活、学习实际结合起来,解决实际问题。

操作:

请学生说出在学校门口附近要注意的交通安全问题,如过马路要当心、校门口没有红绿灯要走斑马线等。

第六环节:帮助别人改正错误

设案例:小王妈妈带小王去逛街,过马路的时候,刚好是红灯,但路上没有车,妈妈看了,马上拉了小王要过马路,假如你是小王,你会怎么做?

【课后实践】

1. 检查自己在平时有哪些不遵守交通规则的行为,并给予及时改正。

2. 观察学校附近有哪些地方要特别注意交通安全的,在每次上学和放学的时候加以注意。

【教学反思】

教师在教学中运用游戏的形式把道理浅显化,有助于学生理解知识,增强他们对知识的记忆。教师还结合学生的年龄特点,把知识融于歌曲,更便于学生掌握。

(中央教科所深圳南山附属学校　张晓琴)

注意交通安全

【设计理念】

本课程体现的课程标准的内容有：认识常见的安全和交通标志，遵守交通规则，注意交通安全；能与他人合作、交流，分享感受、想法或活动成果；培养自我约束能力和良好的行为规范。

【活动目标】

1. 认识一些常见的交通标志。
2. 体验交通规则的重要性。
3. 自觉遵守交通规则。

【教学预备活动】

1. 学生实态：

刚刚脱离幼儿园入学的小学生对于学校的一切感到新鲜、有趣。在此基础上，组织学生开展一些丰富多彩的活动，将会取得良好的教学效果。学生在交流活动中认识常见的交通标志，在游戏活动中体验交通规则的重要性，容易认识交通规则，体验到遵守交通规则的重要性。

2. 课前准备：

(1) 学生准备游戏活动所需的各种玩具车辆（自行车、汽车）。
(2) 精心布置活动场景。
(3) 学生收集各种交通标志（照片或图片）。
(4) 相关课件。

【活动过程】

第一环节：展开联想，揭示活动主题

1. 教师（引导）：今天我们要开展一次有意思的活动。我们将全班分为8个组进行比赛，你们有信心吗？

课件出现画面：各种车辆的喧闹声，接着是紧急刹车声，然后是人们的尖叫声，屏幕由黑色逐渐变成鲜红色。

2. 教师启发：刚才你们看到了什么？听到了什么？想到了什么？啊，多么可怕的车祸，为了不让这样的事情再发生，我们一定要注意交通安全。

（板书活动主题）

第二环节：游戏活动——在活动中体会交通规则的重要性

1. 教师：同学们，看看我们坐的队形像什么？（十字路口）

（教师与学生就在十字路口做个游戏。教师们要请出三个司机，三个骑车的人及五个行人参加游戏活动。学生听到教师说完"开始"之后，立即向自己的对面出发。其他孩子仔细观察，看看会发生什么事情？）

2. 教师（引导）：同学们，刚才你们看到了什么？你们想说什么？

3. 教师（拿出信号灯标志）：谁能编句儿歌来说说信号灯的作用。

（将标志贴在黑板上）

学生1：红灯停，绿灯行，黄灯请你等一等。

学生2：红灯停，黄灯等，绿灯才能向前行。

学生3：认识了红绿灯，我们还要知道自己应该走哪条路。

第三环节：展示收集情况，初步了解常见交通标志的作用

1. 教师让学生把课前收集到的交通标志在小组上交流一下，再向全班汇报。

（学生拿出收集的交通标志，在小组中热烈地交流着，教师倾听学生的交流情况，向学生提供一些交流资料的方法。）

2. 教师提示：放学的时候老师发现了一些情况，请同学们仔细看，这些同学都在干什么？你想对他们说什么？

（课件：学生排着整齐的队伍过街，学生翻越公路旁的栏杆和铁链，学生不顾来往的车辆横穿公路，学生们在马路上追逐、打闹。）

第四环节：现场指挥

1. 学生已经认识到交通标志对维护交通安全起着重要的作用，知道车辆和行人的通过离不开交通警察的指挥。接着教师请两位警察叔叔与学生见面。

学生用热烈的掌声欢迎警察叔叔的到来。

2. 警察做指挥动作，学生分别猜意思。

3. 现在让我们站在这个十字路口，听警察叔叔的指挥，一起做一做吧！

（全体学生参与，交警指挥孩子们过路，整堂课彻底"活"起来了。）

【课后实践】

让学生把知道的交通标志知识在家里考考爸爸、妈妈，看看他们能不能回答出来。

【教学反思】

学生在本活动过程中积极与他人合作、交流，分享感受。他们能够主动地参与课堂上各种游戏、活动，表现出极大的学习热情，并能够虚心听取别人的意见。在观看交警的实际指挥中，他们的积极性也很高，还模仿交警的动作，课堂气氛达到了高潮。

（深圳市南山区卓雅小学　李辰光）

守秩序,讲安全

【设计理念】

新课标认为:儿童是学习的主体,学生的品德形成和社会性发展,是在各种活动中通过自身与外界的相互作用来实现的。在本活动设计过程中,教师注意引导学生去观察社会,亲身体验生活,获得对世界的真实感受,让学生在生活中探究,在探究中发现问题和解决问题。使学生从小懂得珍惜生命,养成良好的生活习惯,知道基本的紧急求助和自救办法,获得基本的健康意识和生活能力,初步了解环境与人、安全与人的生存的关系,为其身心健康的发展打下基础。

【活动目标】

1. 了解生活中的安全常识,增强安全意识。
2. 知道身边有哪些安全隐患。
3. 掌握基本的安全自救方法。

【教学预备活动】

课前准备:

1. 文本资源引用:小学生自护自救手册、安全常识等、小学生安全网。
2. 媒体资源设计和运用:自制课件。
3. 动态资源的选择和运用:学生收集资料和图片,准备课堂上表演自救包扎的活动。

【活动过程】

活动一 感受注意安全、讲秩序的重要性

教师用两张图片(一个是被火烧得满身都是伤的人,另外一个是由于追赶而摔掉牙齿的小朋友)和一个动情的真实故事引入新课。

师:首先请同学们看一组图片。(出示图片)

师:你们看了想说点什么吗?

学生七嘴八舌地评论。

师:同学们说得真好,的确是这样,人的一生,最宝贵的就是生命,但如果不注意安全,生命随时随地都有可能失去。老师给你们讲一个真实的故事,那是在 2000 年,我校一年级的两名学生在边检大院门口等车上学,当接送车开到大院门口时,由于不讲秩序大家互相拥挤扶着车追赶,一个女同学不幸被挤到车下,伤势过重,永远地离开了可爱

的校园,而另一个男同学身受重伤。

学校是你们学习生活的乐园。由于个别同学在学习、活动时,不讲秩序、忽视安全,使校园安全事故时有发生。给学校和家庭都带来了无尽苦恼。这节课我们就来上一节活动课"讲安全 守秩序"。(贴出图画)

设计意图:情景导入,截取真实的生活片断情景,唤起学生的安全意识,使课的开始就掀起小小的高潮。

活动二 看一看 劝一劝——和小淘气交朋友

教师引出"小淘气",让学生跟随小淘气到校园里看一看,他干了哪些不注意安全的淘气的事?小组内的成员要边看边想怎样劝说小淘气别淘气讲安全。

学生看图片:边看边讨论边劝告:

> 看见小朋友拿着东西跑
> 看见有人爬树
> 看见小朋友在走楼梯时边跑边打闹
> 看见小朋友把楼梯的栏杆当成滑梯

> 看到有人走楼梯时不是一个台阶一个台阶地走
> 看见有人爬围墙
> 看到有小朋友拿着棍棒打闹
> 课间做危险游戏,快速地跑(结合我班郑海添下课快跑的实际情况)

活动三 看一看 找一找——学做校园小主人

危险无处不在,课前教师布置学生找一找自己身边不安全的事,请小组交流一下身边还有哪些不安全的事?也可以说一说在学校同学发生过哪些意外事故。

活动四 看一看 评一评——争当安全小卫士

师:同学们说了这么多我们身边危险的事。但只要我们守秩序,注意安全,一些危险是完全可以避免的。发生事故应如何解决?下面我们就来当小裁判,评一评他们做得对不对?

> 下楼或走路不小心扭伤了脚
> 开水壶破了烫到脚
> 天热或踢足球弄得鼻子流血
> 风大沙子进了眼睛
> ……

设计意图：要通过不同的形式将方方面面的安全知识教给学生，使学生在头脑中牢牢树立安全第一的思想。只有学生有了安全意识，才会事事安全，人人安全。仅有安全意识、懂得防范方法是不够的，必须将头脑中的意识与方法转化为学生自身的应变能力。所以在设计活动的时候要注意参与性，积极调动学生的能动性。

活动五　看一看　演一演——成为自护自救小能手

师：意外安全事故发生时，如不小心扭伤了脚或擦伤了膝盖，我们要学会自我保护，还要帮助他人。下面就让我们来看一看乖乖虎是怎样帮助别人的？

设计意图：学生安全，牵动万家。当今生活环境的千变万化，社会诸多的不确定因素，家庭的过多保护，使许多学生面对具体问题时显得束手无策。无论是教师、父母或者警察，都不可能给任何孩子一生安全的承诺和保护，学生必须具备安全意识和能力，学会自护自救和互助互救。因此，安全教育的落脚点应是培养学生的安全意识，形成自救自护能力。

活动六　总结，深化对安全和秩序的认识

师：总结本次活动，在我们的校园到处可以看这些警示牌（课件随即出示学校的警示牌），时刻在提醒我们要遵守秩序，注意安全。让我们一齐读一读儿歌吧（自编安全守秩歌）。

学生齐读安全儿歌。

师："安全第一"是我们再熟悉不过的一句话了。愿每一个人天天高高兴兴出门，平平安安回家。

【课后实践】

1. 继续找校园、小区内的安全隐患（小组合作完成）。形式：拍照、录像。
2. 记录生活中见到的因为不守秩序而引起的事故（可以和爸爸妈妈一同完成）。

【教学反思】

本活动改变传统的"秧田式"的以传授知识为核心的教学模式。学生自主获得知识，在活动中情绪高涨，学习气氛活跃，还培养了发现问题和解决问题的能力。教师有意识地给学生创设了表现个性的机会，让学生始终是学习活动中的主人。而教师从教学活动的支配者、指挥者，变成了学生的支持者、合作者和指导者。

（深圳市育才三小　郎丰颖）

祖国真美丽

【设计理念】

"祖国真美丽"是在国庆节前的一次活动课。教师在课前让学生收集有关祖国名胜古迹的资料,以便让学生更多地了解自己的祖国。在教学活动中,沿着学生设计的旅游路线了解祖国大好河山之美;通过找名胜景点所属的省份,感受祖国之大;通过了解名胜文化历史,体会祖国文化之精。整个活动设计让学生通过"从表到里"的认识,训练学生从感性的认识向理性的认识转化,加深他们对祖国的情感。在活动的最后,将学生收集到的资料整理好,举办一次祖国风光展,不仅扩展学生的学习空间,同时让学生知道祖国之美处处有。

【活动目标】

1. 体验祖国山河的壮美秀丽,感受祖国的幅员辽阔,并为此感到骄傲。
2. 初步了解我国的人文之美,为拥有如此悠久的文化历史感到自豪。
3. 了解自己所生活的地方的自然和文化,增强对家乡的自豪感。

【教学预备活动】

1. 教师准备一些祖国比较著名的景点的图片和录像,一些简单的关于名胜古迹、名山大川的题目。
2. 学生收集有关祖国名胜古迹的资料,如图片、书刊、音像、光盘、实物等。每一个小组就是一个旅游团。教师让学生自己设计一条旅游路线,收集沿线某一个景观的风光、人文等资料,每个旅游点都要有导游,由导游来进行介绍。每个旅游团可以给自己的团起个好听的名字,设计一面旅行团的导游旗。

【活动过程】

教师导入:

暑假的时候,很多同学都外出旅游,相信大家很愿意一起来分享旅途的快乐。现在,盼望已久的旅游节隆重开幕了,我们分小组来介绍各组的旅游路线。同学们要在各条旅游线路上介绍一下每个地方有什么景点、特产和民俗风情,欢迎大家积极参加我们的旅游活动。

活动一　介绍旅游路线，了解祖国之美

教师活动	学生活动
1. 指导学生讨论。 2. 巡视、指导。 3. 听汇报，板书、指导。	1. 组内各自介绍自己的旅游路线，要有景物、风土人情、特产等。 2. 讨论选出本组最佳旅游路线。 3. 分组向全班介绍本组最佳旅游路线。

活动二　观看录像，了解祖国之大

教师活动	学生活动
1. 播放录像片。 2. 指导学生找出这些景点所在的省份。 3. 指导学生抒发情感。	1. 观看录像。 2. 学生在地图上找景点。 3. 学生自由想像，抒发情感。

活动三　同游祖国名山大川，了解祖国文化之精

教师活动	学生活动
1. 指导学生介绍。 2. 组织知识竞赛。 3. 组织评选。	1. 介绍自己了解的名山大川的文化历史。 2. 分组进行知识竞赛。（关于名胜的简单知识） 3. 选出自己认为最美的景点，并说原因。

【课后实践】

请学生每人办一张画报，画报的内容可以是学生自己最喜欢的风景或人物，还可以是学生自己最喜欢的事，甚至可以介绍自己家乡的现状和变化等等，然后学生制作旅游展板。

【教学反思】

学生们课前通过各种途径收集资料，尽管他们都是刚上一年级的小学生，但他们收集资料的途径多种多样，真令人佩服。在课堂活动中，由于学生们课前对自己喜欢的景点进行了资料收集，甚至学生介绍的一些景点就是自己亲自去过的地方，因此他们参与活动的积极性非常高，课堂气氛也非常活跃。通过讨论、交流，学生唤起了美好回忆，师生共同领略了祖国壮美的山河景色，激发热爱祖国的情感。

(深圳市南山外国语学校　李可琴　粟　芳)

今天是你的生日,祖国

【设计理念】
　　1. 道德寓于学生生活的方方面面,学生品德的形成源于他们对生活的体验、认识和感悟,只有源于学生实际生活的教育活动才能引发他们内心的而非表面的道德情感、真实的而非虚假的道德体验和道德认知。
　　2. 学生是学习和发展的主体,因此要倡导自主、合作探究的学习方式。
　　3. 品德与生活要根植于现实,应该开放而具有活力。

【活动目标】
　　1. 实际感受普天同庆的欢乐气氛。
　　2. 体验创作的喜悦,发展创造力和动手能力。
　　3. 了解祖国生日的有关知识,激发爱国的情感。
　　4. 初步了解英雄人物的事迹,产生对人民英雄的崇敬之情。

【活动准备】
　　1. 教唱国歌。
　　2. 参加升旗仪式,感受升旗时的庄严气氛。
　　3. 收集与国庆、国旗、国徽有关的材料。

【活动过程】

活动一　大家一起说国庆

　　1. 教师和学生一起欣赏歌曲:《十月是你的生日,我的中国》。
　　师问:
　　(1) 说说你听懂了什么?
　　(2) 你知道中国的生日是在十月的哪一天吗?
　　(3) 谁知道为什么10月1日是国庆节?
　　2. 教师提议:观看《开国大典》片段。
　　3. 讨论国庆节的由来。
　　4. 师引导:同学们这几天上学时,你有没有观察观察周围的变化呢?能说说都有哪些变化吗?
　　生:彩灯多了。

生：街道上有"欢度国庆"的字样。
生：街道上悬挂了很多国旗。
……

（用音乐、影片唤起孩子们的感知，把孩子们带到要进行的话题中去。让学生说说周围的变化，使他们在潜意识中感觉到祖国的生日牵动了大街小巷，和每一个人都有关系。这个部分的设计不光让孩子们了解了和国庆有关的知识，而且为学生积极参与到后面的活动做了情感的铺垫。）

活动二　话国歌、国旗、国徽

师：国歌、国旗、国徽是一个国家的重要标志。我们是中国人，我们也应该对我们的国歌、国旗和国徽有一定的了解。你知道它们吗？

1. 小组内讨论：说一说对国歌、国旗、国徽的了解。
2. 小组来介绍一下所知道的国歌，或者讲讲它的来历，或者介绍一下它的歌词，或者说说它的作者，或者分析它的旋律。
3. 小组来介绍一下所了解的国旗。可以说说它的样子，可以讲讲跟它有关的故事。
4. 小组来介绍一下国徽。说说国徽的样子，讲讲和国徽有关的故事。
5. 学生们回忆回忆在什么时候听到过国歌，什么时候见到过国旗或者国徽呢？
6. 播放学校升旗的片段。观察一下平时学生哪些地方做得很好，哪些地方还做得不够。相互提醒提醒。

（我们知道国歌、国旗和国徽的分量，可是孩子们不知道。在他们幼小的心灵中，或许国歌、国旗、国徽跟其他的歌、旗、徽没有什么区别。我们需要传递给他们关于这三者的神圣，但是我们单纯的说教是苍白无力的。因此活动中必须调动学生，让他们来说，让他们在相互的交流中去自己感受、自己思考。）

活动三　实际行动庆国庆

1. 师：在我们周围，人们是用什么方式来庆祝国庆节的呢？
教师播放各种场合、各个地区、各个年龄、各种方式庆祝国庆节的图片。
2. 讨论：同学们可以用怎样的方式来迎接国庆节呢？
3. 分小组讨论，在一张白纸上罗列出想到的办法。
4. 全班研究，哪些办法可行，哪些办法不可行？确定全班庆祝国庆节的方案。
5. 策划庆祝国庆节的具体方案。
6. 分组。按彼此意愿自由组成小组。

（学生的情感已经被激发，他们心中此刻已经充满了对祖国的热爱。他们也有一种要用实际行动为祖国庆祝生日的冲动。因此，安排学生策划国庆活动是非常有必要的。）

【课后实践】

1. 按组内的策划开展实施活动。用自己亲手制作的礼物布置教室,感受国庆节的气氛。

2. 通过多种途径了解英雄人物的事迹,说说他们对祖国的贡献,以及和我们今天幸福生活的关系。

【教学反思】

这一个活动设计立足于学生的生活实践,牢牢把握了思想品德课的特点:

1. 心中有学生,时时处处站在学生的位置上进行考虑。每一个环节的设计都是低年级孩子愿意参与的。

2. 课堂的精彩来源于生活的丰富。调动了学生的情感与知识储备,让学生在彼此的交流中得到发展。

3. 给学生提供了极大的探究时间与空间,充分发挥了他们的主动性。

(深圳市华侨城小学　莫　荧)

丰收的喜悦

【设计理念】

南国的四季不分明,特别是深圳的秋天不像北方的秋天那么明显,为了让学生更好地了解秋天,感受秋天的美丽,体会秋天的愉快,特别设计了此次活动。

教师通过开放式教学引导学生积极主动地学习,拓宽学生的思维,发展学生的能力。让学生亲身体验发现秋天的乐趣,亲自动手了解各种蔬菜的知识,充分感受大自然的美和劳动的愉快,并在学生动手查阅资料、观察的基础上,激发学生动手操作,初步形成对探究科学的兴趣。

【活动目标】

1. 学生通过亲身体验发现秋天的乐趣,感受大自然的美。
2. 学生通过亲自动手了解各种蔬菜的知识,感受劳动的愉快,分享收获的喜悦,懂得珍惜劳动果实。
3. 学生在动手查阅资料,亲自观察的基础上,初步了解植物的茎、根、叶等作用。
4. 激发学生动手操作,初步形成科学探究的兴趣。

【教学预备活动】

1. 布置学生到市场去了解各种蔬菜的价格、产地。
2. 学生在家里亲自炒一道菜带回学校。
3. 学生查阅各种资料。
4. 教师做好有关的课件、幻灯片。
5. 教师设计好蔬菜的调查统计表。

【活动过程】

第一环节:情境激趣。

师:夏日已缓缓地离去了,随之而来的是美丽的秋天,蝉儿不再鸣唱,花儿不再盛开,只有一片片翠绿的叶子,由绿转黄,由黄转红,再由鲜红变成褐色,随着西风到处飞舞,花瓣和落叶掩盖住红砖大道,为秋天的道路增添几分美感。秋天,美丽的秋天,是四季中,最安静的一個季节。(播放《秋日私语》的曲子,让学生在美妙的音乐中享受秋天的快乐。)

第二环节:谈话揭题。

师:今天我们就来欣赏这如诗如画般的秋天,并一起来分享这丰收季节的喜悦。(出示秋天图片的课件,让学生在视觉上感受秋天的美丽。)

第三环节:师生合作。

秋天是收获的季节,金灿灿的稻田,红彤彤的果实,成熟饱满得让人心动。秋天更

是一幅美丽的图画,"秋天来啦。"(学生背诵《秋天的图画》)

第四环节:小组活动。

1. 观看图片

教师有意识地引导学生观察校园、家周围、马路上景色的变化,观察农田的变化,人们衣着的变化,小动物生活的变化以及秋天的色彩、秋天的果实等等,感受秋天的气息。

2. 学生交流收获的感受

(1)师启发:大家了解一下秋天可以到什么地方去收获?你最想去哪里收获?收获什么?

(2)学习小组讨论,学生小结:秋天的收获是令人兴奋的,明年春天来临时,我们将亲手种植,秋天时亲自收获,那将是一件非常愉快的事。

3. 小组进行收获中的探索:植物为什么要有茎、叶、根?植物的叶子到了秋天为什么变黄?我们吃的土豆和萝卜是植物的什么部分?

学生通过查阅资料、小组交流,得出结论:植物的茎能输送水分和养分。植物的叶子可以为植物吸收阳光。植物的根能吸收泥土中的养分。

4. 小组交流《调查统计表》

调查统计表		
名称	产地	价格(每公斤)
橘子	本地	1.00元
西瓜		
南瓜		
菠菜		
芹菜		
——		

5. 学生体验收获的喜悦

学生把带来的蔬菜介绍给学生,可以相互交流资料,也可以补充。

6. 学生动手体验劳动的快乐

师:蔬菜有很多学问,切菜也是一种学问。

学生表演切菜的技术,并评一评谁切得好。

7. 学生品尝自己的劳动成果,播放刘绮帆同学在家做菜的录像,小组交流做菜的感受,请老师尝一尝自己的劳动成果并提出意见,学生交换品尝,评一评。

第五环节:学生小结:

只有亲自动手,亲自体验生活,才能发现秋天的乐趣,感受大自然的美丽,享受生活给我们带来的无穷乐趣。

【教学反思】

学生通过观察、了解、查阅资料、体验生活,从图片、资料、实物等感受到秋天的美丽,并通过自己动手体会劳动的喜悦。教师放手让学生动手操作,学习效果较好,学生表示以后想多上这样的课,也愿意回家去动手实践。

(深圳市蛇口小学　郑少芬)

和秋天一起玩

【设计理念】

秋天落叶飘零是一种自然现象,但它却让孩子们走近了自然。本活动让学生在对树叶的形状和颜色的认识和了解后,利用秋叶在自己拼拼剪剪的过程中感受探索的乐趣,发掘创新的灵感,从而创作出自己的作品。试着让学生用一双灵巧的双手去美化自己的生活。

【活动目标】

1. 让学生认识树叶的各种形态,感受其中所蕴藏的自然美。
2. 指导学生创作自己的树叶拼图,感受创作带来的快乐和成功的喜悦。
3. 激发学生发现美,感受美,表现美的欲望。

【教学预备活动】

学生收集各种秋天的落叶以及了解该树叶的名称,准备好拼贴树叶的白纸、胶水或双面胶等。

【活动过程】

1. 小诗导入

师:今天老师给大家带来了一份礼物,请大家竖起耳朵来接收这份礼物。这是一位小朋友写给妈妈的话,"妈妈,是哪位顽皮的孩子画笔一挥,把绿叶染成了黄色?妈妈,是哪位顽皮的孩子吹响了笛声,让那么多漂亮的叶子在空中飞舞?妈妈,我想和这个顽皮的孩子一起玩,因为我喜欢他的画笔,我喜欢他的笛声"。同学们,你们知道这首诗写的是谁吗?

这时教室内的气氛一下子活跃起来了。大家不约而同地说:秋天,是秋天。

师:是呀,秋风一吹,一片片树叶纷纷从树上轻轻地飘落下来。刷刷刷……(电脑出示:金黄的树叶飘落的景色,果子成熟的情景)美吗?

2. 认识秋天

教师引导学生认识秋天有飘零的落叶,有成熟的果子,还有美丽的花朵。

3. 留住秋天

教师看到还有很多学生收集了好多秋天的叶子,让他们以四人为一小组为单位,将秋天的小礼物介绍给大家认识,然后,各组向全班汇报。看了同学收集的各种各样的落叶、花,还有各种小果子,教师情不自禁地想说大自然真是一个了不起的艺术家。可是在冬天的时候树叶落了,花儿谢了,果子也烂了。有什么方法能把这美丽的落叶留住呢?

(电脑出示：有孩子在用树叶装扮教室,有孩子用落叶做面具,有孩子在做树叶拼贴,有孩子在做花环。)

　　师：看,电脑里的学生也和大家一样正在用他们的方法留住美丽的落叶。你们瞧他们正和秋天玩得高兴呢!

　　4．大家想和落叶玩吗?

　　师：刚才艺术馆的馆长给老师发了一份邮件,想举办一个艺术展——"秋天的足迹"。他想邀请大家去参加这项活动。大家想去吗?

　　5．(电脑出示：艺术馆到了。)艺术馆分为五个展区,分别是张贴画、面具展、花环展、标本展、创新展。学生可以根据自己的爱好选择一个展区,用自己的双手做出自己的作品。开始活动。

　　(让学生在动手实践中进一步感受树叶、花、果子带来的大自然的美。)

　　6．展示欣赏

　　请先完成任务的几个学生展示自己的树叶画。

　　师：你们能给大家介绍一下你们的画吗?

　　(提高学生对自然美的欣赏能力和审美能力。)

　　电脑里响起了掌声。馆长要谢谢大家,因为"秋天的足迹"艺术展让秋天留在了我们的身边。

【课后实践】

　　落叶、果子,都是秋天留给我们的礼物。大自然中这样微小而珍贵的礼物实在太多了。教师让学生用一双善于发现的眼睛,用自己的巧手慧心让它变成礼物,与亲人分享。

【教学反思】

　　教育学家苏霍姆林斯基说："学生的智慧在他的手指尖上。"可见动手能力的培养对发展孩子智力的重要性。在课堂教学中,我用优美的诗引入课题,吸引学生的注意力,充分调动学生积极的情绪。在学生们创作作品一段,我创设了艺术节的情景,同时照顾到学生们各自的特点,开设了五个作品创作区。我相信,每一位学生都有其自身的特点,教育应该为学生们创造属于他们的创作自由。

(深圳市后海小学　杨　烨)

秋天,收获的季节

【设计理念】

　　品德与生活课再也不是单纯的说教课了,不再是从前用理论武装学生头脑的简单操作了。它的编排更贴近学生的心理,让学生们在玩玩乐乐中学会了很多很多。同时对教师也提出了更高的要求:在教学过程中我们需要将活动过程、方法、技能与知识融合起来,尽量能够避免直接讲授知识或罗列事实与答案,确立学生在学习中主体地位,重视学生的直接体验、亲身感受,让学生们能在讨论、观察、实验等多种方式中去学习。而且品德课与生活又联系得那么紧密,所以需要我们经常把学习搬到课外,融入家庭和社会。

　　设计这一课时教师注意了学科的整合,例如音乐课的表演唱、美术课的做手工等,让学生在丰富的形式下与秋天进行40分钟的亲密接触。

【活动目标】

　　1. 让学生感受、探索秋天的美丽,体验游戏的乐趣。
　　2. 学会美化、丰富自己的生活,发展想像力、创造力和动手能力。
　　3. 知道只有劳动才能创造财富,培养学生们爱劳动的意识和习惯。

【教学预备活动】

　　1. 学生实态:

　　深圳的孩子生活在一个发展迅速的城市,个个见多识广,普通的生活知识早已不在话下。同时城市生活也很浮躁,学生们难得静下心来踏踏实实地学习知识。所以他们需要注入新鲜的文化精神,需要更贴近他们生活的教育,需要更符合他们心理的学习方法。

　　1. 课前准备:

　　(1)学生们课前通过上网、采访、看书等途径了解秋天,准备表演的头饰和服装,以及手工需要的材料,如树叶、果实、胶水等。

　　(2)教师制作秋景秋实图课件,准备好各组"猜一猜"游戏的道具。

【活动过程】

活动一　小小气象员播报天气情况

　　首先由一小气象员播报今天的天气情况,包括日期、星期几、天气情况、气温等。

教师承接天气情况引入正题——秋天（板书课题），并告诉学生今年的秋季是8月8日至11月7日。

　　师：今天是今年秋天的最后一天，是不是值得纪念呢？

　　（此活动旨在让学生们关注天气、关注生活，知道我们的身边是有很多东西值得关注和了解的。）

活动二　欣赏秋景秋实图片

　　学生欣赏配乐秋天景色果实图片。

　　师：同学们，你们刚才都看到了些什么？有什么感受？

　　师：我们从图片上看到的秋天，与我们每天上学、放学、散步时看到的深圳的秋天有什么不同？

　　（此活动不仅让学生们欣赏了北方秋天的美景，进行了美的教育，还通过比较了解了我国南北地域的季节差异，在不知不觉中学到了知识。学生们在欣赏的过程中不停地发出惊叹，显然被如此美景打动，他们积极发言、畅所欲言。）

活动三　"猜一猜"

　　师：刚才我们不仅欣赏了美丽的秋景，还知道了秋天是一个收获的季节，可以收获许多的水果蔬菜和粮食。下面我们一起来玩一个和果实有关的游戏。

　　师：我猜，我猜，我猜猜猜。（师生对口令）

　　师：今天猜什么呢？猜果实！老师给每一个小组都准备了一个袋子，袋子里面有的装着水果，有的放着蔬菜；有的个儿大，有的个儿小。大家只能用手隔着袋子摸里面的东西，不能打开来看，然后根据你摸到的特征猜一猜袋子里放的是什么？

　　（学生们以小组为单位围在一起饶有兴趣地摸着，并议论纷纷争着说自己摸到了什么东西。）

　　这时，每小组派代表汇报猜测的情况，教师根据实际情况作点评，给猜中的小组评分。

　　师：这些香甜可口的水果蔬菜是从哪里来的呢？

　　师生同看农民辛勤劳作图，背《锄禾》。

　　师：你看懂了什么？那我们能浪费粮食吗？

　　师：秋天是一个美丽的季节，秋天更是一个收获的季节。但是只有我们用自己勤劳的双手去劳动去创造，才会有更多的收获！

　　（此活动旨在通过学生们感兴趣的方式，让他们不仅用眼，更多的是用手去触摸果实，感受果实。在活动中渗透珍惜粮食的教育。）

活动四　表演唱

　　师：你们看，秋天到了，勤劳的小熊也收了很多果实，准备用来招待朋友呢！

现在请小熊表演。

小熊表演唱第一段。（小熊一边开心地唱歌一边在家忙里忙外地收拾、准备。）

师：学生们知道小熊请了哪些朋友吗？

小猫、小狗、小鸡陆续跳出来高兴得又唱又跳，表演第二段。（大意是小熊今天请客，我们商量商量为他准备什么礼物？）

师：哎，那边怎么有只小狐狸没去呢？我去问问他。

下面，学生齐唱第三段，小狐狸表演。（因为小狐狸总是白吃白喝从不干活，所以学生们都不喜欢它。）

师：同学们，这样一只好吃懒做的小狐狸，你们愿意请他去你们家做客吗？为什么？

小狐狸（着急地）说：我想改呀！

小狐狸和妈妈一起表演受教育、改缺点的场面。

学生一起（表演唱）欢迎小狐狸来做客。

（此活动深受学生的喜欢，大家一边表演一边充分展示了自己的喜怒哀乐。学生都喜欢爱劳动的人，讨厌懒惰爱占小便宜的人。教师以他们自己最喜爱的形式进行了一次爱劳动的教育。）

活动五　秋天的创作

师：是啊，我们不当懒惰的小狐狸，要当勤劳的小蜜蜂。今天我们就用自己的双手，废物利用，创造出美丽的作品美化我们的生活。好吗？

师：请同学们拿出自己准备好的落叶、小果实等各种物品和胶水等材料，在白纸上粘贴出各种各样的自己喜爱的图形。

学生们在美妙音乐声的中埋头做手工，教师下去欣赏并相机指导。

（这个活动能让学生愉快、积极、认真地参与，一方面锻炼了动手能力，另一方面让他们知道美是可以自己创造的。）

活动六　总结

1. 师生共同品评学生创作的作品。
2. 鼓励学生把作品送给现场最想送的人并说一句祝福的话。
3. 师：同学们，秋天是一个收获的季节。（板书：收获的季节）我们收获了美丽，收获了果实，还收获了自己亲手创作的手工作品。明天就进入冬季了，我们又能发现什么呢？收获什么呢？请大家擦亮双眼认真观察吧！

（学生们评作品、送作品的场面很让教师感动，此项活动让他们很有成功感：原来自己可以制作这么漂亮的作品！他们还学会相互之间欣赏作品并真心祝福朋友，知道观察生活、留意生活可以带来快乐。）

【课后实践】
1. 了解粮食的生长过程。
2. 了解爸爸妈妈怎样工作。

【教学反思】
　　本节课有静有动,活动安排张弛得当,学生们始终处于积极状态。课后有学生问:"老师,怎么这节课这么快就完了?"看来大家喜欢这样上课。既然孩子们喜欢了,那安排的教学目标有什么理由完不成呢?但是上完课后,我陷入了思考:现在的学生多为独生子女,从小娇生惯养,要风有风要雨得雨,哪里真正懂得粮食来之不易,父母工作的辛苦,农民伯伯干活的劳累?这样一想就觉得我刚才的课上渗透得不够。是否有更好的方法呢?课外又该怎样延伸呢?这些都是值得我们思考的问题。

(深圳市华侨城小学　黄晓玲)

我爱我的家

【设计理念】

要达到品德与生活课程的总目标,就得摈弃传统的教学方法,紧密联系学生的生活实际,通过开展一系列有目的活动,让学生在活动中得到感受、体验、探究和感悟,并从中得到情感的交流、良好习惯的培养及能力的发展。即以活动促教学实效,以活动促自主发展。

【活动目标】

1. 通过活动,引导学生感受和体验家庭生活的快乐,学会关心父母和尊敬老人,激发热爱生活的积极情感。

2. 初步认识自己作为家庭中的一员,应当主动关心他人,做自己力所能及的事。

3. 能用自己的方式与家人交流,学习与人沟通的方法和技能。

4. 通过模拟家庭生活片段的游戏活动,使学生认识到生活中有快乐、有幸福,也有麻烦与困难,引导学生学会用正确的态度对待家庭生活。

5. 在参与活动的过程中,学会与他人合作、交流、分享感受、共同体验活动的成果。

【教学预备活动】

课前准备:

1. 每个学生准备一张家庭照片。

2. 十二生肖中的一种头饰。

3. 学生的名字卡片。

4. 书上的四幅劳动图。

5. 把教室的一面墙上布置成一间大房子。

【活动过程】

第一环节:活动导入

1. 教师出示照片,介绍自己的家庭成员,讲解自己头上戴的是家人属相的头饰(一只可爱的小兔),讲一件家中有趣的事。(教师将家庭照片贴在墙上布置的大房子中)

2. 师(在黑板上贴"家"字):我们每个人都有家,家是我们休息的港湾。你愿意把你的家庭成员介绍给我们大家吗?

(在"家"字前贴"我的"二字)

第二环节:介绍"我的家"

1. 请10名学生(头戴家里成员属相的头饰),分别介绍他们各自的家庭和讲一讲在家里发生有趣的、高兴的或令人感动的事,把家庭照片贴在大房子的窗子中。

2. 让没有被请到的学生在小组中交流,并把照片贴在房子中。

3. 师生共同表演唱。

师:刚才,小朋友们分别介绍了各种各样的家庭,你感到自己还有学生们在家里生活得怎么样?

生:我感到无比的幸福。

生:我在家时的心情是特别的高兴。

生:我在家天天都很快乐。

师:让我们一起来唱这首《幸福拍手歌》吧!表达体验家庭生活快乐的感受。(一起表演唱)

小结:父母、长辈以他们对我们无微不至的关爱来表明他们非常爱我们,非常爱我们的"家"。(黑板上贴"爱"字)

第三环节:我爱我的家

1. 对家人说一句话。

师:此时此刻,你最想对亲人说什么?

生:爸爸、妈妈我爱您们!

生:爸爸、妈妈你们辛苦了!您让我帮帮您干些力所能及的事吧!

师:同学们说得真好!这里有一位同学,奶奶一提起他来就感到特别欣慰,你们想不想知道他是谁?

生:想!

2. 教师带着老奶奶的头饰介绍一位单亲家庭的学生在家里的突出表现。

3. 贴名字卡片。

师:这位同学做得好不好?平时你都为家里作了哪些事情?(出示四幅图)

找一找哪些是自己在家里经常做的,就把你的名字卡片贴在图画下面。

4. 学生介绍自己在家做的家务劳动。

5. 师引导:这里有一位小精灵特别喜欢你们,它有一句话要送给大家:会做的坚持做,不会做的学着做。

6. 为了帮助学生真正成为家里的一名成员,教师发给学生一张"我爱我的家"的调查表,由家长填写,填好上交。

第四环节:送小礼物

1. 师:从我们出生到现在,父母、长辈付出了很多心血,现在我们是一年级的小学生了,你们愿不愿意自己亲手制作一件小礼物送给他们并说上一句心里话呢?

2. 分组制作:在画画、做贺卡、剪纸、做手工、折纸活动中,发挥小组作用,引导学生互帮互助,保证每个人都能有成果。

3. 展示:向家长赠送小礼物。

教师小结:同学们,愿我们的小行动能为每一个家庭带去快乐和幸福。

【课后实践】

让学生想一想他们在家还发生过哪些有趣的事和不愉快的事,而他们是怎样与家里人交流的？学生在家有没有帮助父母做家务？请学生把它写出来并互相交流。

【教学反思】

　　本教学活动紧密联系学生生活实际，让学生动起来了，整堂课"活"起来了。学生在活动中通过感受、体验、探究，获得了积极主动的发展。

（深圳市大勘小学　周纯青）

我 的 家

【设计理念】

教师设计本活动时,围绕学生熟悉的家庭生活圈展开活动,从生活中点点滴滴的事情进行引导、激情,使学生体验到家庭生活的快乐。通过开展亲子活动,让学生和父母更多地接触,更好地沟通,促进学生身心健康地成长。

【活动目标】

1. 使学生更加热爱自己的家,热爱爸爸妈妈,体会到家庭的欢乐和幸福。
2. 积极与家长沟通,让学生和父母更多地接触。
3. 懂得尊敬师长,做自己力所能及的事。

【教学预备活动】

1. 学生自带家庭生活照。
2. 与家长联系,请家长到校与学生一起活动。
3. 亲子活动需要的材料。
4. 需要的歌曲。

【活动过程】

第一环节:介绍自己的小家庭

1. 师:我们班是一个大家庭,每个小朋友都有自己的小家庭,请大家拿出家庭生活照片在小组内互相交流自己家庭有哪些主要成员,每一个人的特点、生日、生肖、爱好等。
2. 请教室里学生的爸爸妈妈站起来,由学生向大家介绍介绍自己的爸爸妈妈。

第二环节:家中的故事

师:听完你们的介绍,我们知道每个同学都有一个温暖的家。在你们家中,经常发生一些事情,哪一件事你最难忘,把这个故事说出来吧。

1. 学生在学习小组里介绍发生在自己家中最难忘的一件事,组里推选出一名讲得最棒的小朋友。
2. 让小组代表讲给大家听。

第三环节:亲子活动

师:看来,同学们和爸爸妈妈之间发生过很多难忘的故事!下面我们来进行两个游戏,看看小朋友和爸爸妈妈之间互相了解吗?

游戏一：心心相印

游戏规则：教师先设计一些问题，如妈妈最喜欢的颜色、爸爸最爱吃的菜、让父母最开心的事、让父母最生气的事、最喜欢的玩具、最要好的朋友、最喜欢听的话等等，让家长与学生同时在面板上写出答案。如果答案相同的，得一朵小红花。

游戏二：踩气球比赛

游戏规则：每次五个小朋友和他们的爸爸妈妈参加，看一看哪一组在规定时间踩的气球多。能做到得一朵小红花。

第四环节：跟爸爸妈妈说说心里话

师：我们每个同学都非常爱自己爸爸妈妈，对于疼爱你们、辛辛苦苦养育你们的爸爸妈妈，此时此刻你最想跟他们说一句什么话？

播放歌曲《我有一个好爸爸》、《天下的妈妈都是一样的》。

师：你们的话语让爸爸妈妈感动，你们的笑容让爸爸妈妈欣慰。让幸福和快乐永远伴随着每一个家庭！

【课后实践】

1. 鼓励学生回家帮助爸爸、妈妈做力所能及的家务事。
2. 学生每天早晚与父母打招呼、问好，主动和家人沟通。

【教学反思】

本课设计以学生和家长的互动为主，学生兴趣盎然，在活动中能够积极想办法，表达对父母的热爱。学生能主动与家长沟通，体验到了家庭生活的欢乐。

（深圳市蛇口小学 刘 源）

新年到了

【设计理念】
　　课程标准要求我们要"培养具有良好品德和行为习惯、乐于探究、热爱生活的学生"。结合我校推行的"融合教育理论",在"新年到了"这个活动中,将学生收集到的国内外迎新年的录像、图片等资料与学生的实际探究和学习过程相融合,制作卡片、折纸、剪纸与情感体验相融合,有效地体现了本课程生活性、活动性、主体性和开放性的特点。

【活动目标】
　　1. 积极收集身边以及国内外迎新年的图片资料,对新年的到来充满喜悦和憧憬。
　　2. 了解祖国各地和世界上一些国家人们过新年的风俗习惯,尊重多元文化。
　　3. 讨论、述说过新年的经历,体验探索问题的过程。
　　4. 制作卡片、折纸、剪纸等。

【教学预备活动】
　　1. 学生实态:
　　一年(A)班有40名学生,其中有两名韩国学生。对于学生来说,第一次在小学过新年,会有些新奇和激动,同时也有一定的难度,因为新年不同于中国传统农历的春节,学生在概念上会产生误差。
　　2. 课前准备:
　　学生上网收集全国各地以及世界一些国家过元旦的资料图片,观察身边元旦前夕气氛的变化,并收集一些广告资料和旧台历,增加他们对"新年"的感受。刘云天同学特意带来了他在去年上学前班时留下的元旦演出录像。
　　教师准备一张贺年卡。另外还准备灯笼及北京、上海、香港等地过新年的图片课件。

【活动过程】

活动一　看着旧台历找元旦——认识新年

　　教师开场白:同学们,老师今天带来了两盏灯笼,你们看它上面写的是什么呢?(元旦)那谁能说说元旦具体指哪天呢?(公历的一月一日)
　　学生说出自己的理解,并互相交流,找出日历上的元旦。个别学生可以上台说说自己找的结果。教师对学生的错误及时提醒纠正。

活动二 "新年风俗荟萃"——讲述新年

教师导语：现在离元旦节不到十天了，你们看到自己家附近的地方都有哪些变化了吗？比如超市、公园、商店等地。

学生异常兴奋地讲述着这些天里他们身边环境的变化。有的甚至拿出了超市打折迎元旦的小广告。

师：那你们以前的元旦是怎样过的呢？接下来先请大家欣赏我们班刘云天在幼儿园时过元旦节的录像，看看他在元旦节里都做了哪些活动。

刘云天同学接着讲了他在幼儿园里的庆元旦文艺演出和收到香港的好朋友贺卡的故事。

师：接下来大家再来看看我们祖国各地过元旦的录像，说说那些地方（北京、上海、广州）的人们都进行了哪些活动？（北京的世纪钟响，上海东方明珠塔的礼花，广州的鲜花争艳）

两名来自韩国的学生分别介绍韩国的元旦习俗。如，当地的少女要戴代表吉祥的"福巾"，要参加荡秋千的比赛，新年前一天还要吃类似与中国八宝饭一样的甜饭，以预示家里人丁兴旺日子过得像蜜一样甜。最后两名韩国学生唱了一首韩文歌曲《Happy New Year》，受到了大家的欢迎。

活动三 "制作新年礼物"——迎接新年

1. 教师导语：在老师的手里有一个去年收到的贺年卡片，我想跟大家来分享一下。这张是我的学生张欣悦送给我的礼物——元旦贺卡，当时她的父母由于工作调动要离开深圳，离开她的老师和学生，当时所有的人都依依不舍地送她离开了学校。我想她在新的学校就会很快忘记我们老师和学生了吧，谁知道元旦到来的时候收到了她这个别致的贺卡。封面很普通，但这是她自己亲手做的，形状是心形的，画了老师和她，还写着："送给我最思念的老师——桑老师"，我当时很感动，我想小小贺卡上寄托的是多么有分量的情谊啊！我也给她寄了一个贺卡上面写着："希望欣悦能够在新的一年里快乐学习，快乐成长，友谊长存！"我的卡片介绍完了，大家想不想也来做一些新年礼物送给你的好朋友呢？你们可以自由选择：可以剪纸、折纸和制作卡片。接下来先看课本的"安全使用剪刀"一节，然后开始你们自由选择来进行手工制作新年礼物吧。做完后涂上颜色，贴到教室后面的黑板上展览。

2. 学生做手工，教师巡视指导。

3. 教师重点评述两位学生的作品，然后，在齐唱《Happy New Year》的歌声中下课

【课后实践】

学生通过参与迎新年活动，将自己制作的卡片送给同学，另外将有价值的手工绘画作品再加工，举办一个小型展览。

【教学反思】

　　这堂课与其说是了解新年的知识课,不如说是一节情感教育课。在课堂中学生们不仅了解祖国其他地方的新年,还了解韩国的迎新年风俗,以及教师出示那张以前学生送的贺年卡片,这些都在每一位学生的心灵深处留下了深刻的印象。当学生们静静倾听我讲述的时候,我能感觉到情感教育对于一年级的学生是多么有效啊!但是整节课节奏稍显缓慢。总之,培养具有良好品德和行为习惯、乐于探究、热爱生活的学生是我们作为思想品德课教师的最高要求。

(深圳市南山中英文学校　桑　猛)

一年级下册

寒假生活交流会

【设计理念】

低年级的品德与生活课程应当通过深入浅出的道德的、科学的、生活的启蒙教育进行,而有效的教育须采用学生乐于和适于接受的生动活泼的方式,帮助他们解决现实生活中的问题,为学生形成积极的生活态度和实际的生存能力打下良好的基础,为他们在价值多元的社会中形成健全的人格和树立正确的是非观、人生观打下基础。

【活动目标】

为学生创建一个交流寒假生活的平台,通过活动达到以下目标:

1. 培养学生收集、整理信息的能力,提高与人交流的能力和学习能力,增强自信心。

2. 帮助学生做到讲文明、懂礼貌,互相尊重他人以及乐于帮助别人解决困难。

3. 帮助学生体验与同伴分享快乐、分担烦恼的美好情感,树立正确的是非观、健康积极的人生观。

【教学预备活动】

1. 学生实态:

学生进入一年级的第二学期,各方面都有进步了,也懂事了很多,这些都使教师更有信心在新的一学期里将他们教好,争取更大的进步!班上有43名学生,他们机灵活泼,普遍头脑好用、表达力强,但实践能力相对较低,心理成熟度跟不上教材的内容。在情感方面,小学一年级的学生单纯,可能会不善于应对和处理生活中的烦恼和困惑。根据以上情况,教师必须采用学生乐于和适于接受的生动活泼的方式,让学生能够以积极的情绪参与活动,掌握一定解决困难的方法,引导学生树立正确的是非观、健康积极的人生观,树立"我能行"的信心。

2. 课前准备:

学生:收集假期礼物。

教师:布置展台,准备小纸条,快乐箱""快乐天使头饰",多媒体课件。

【活动过程】

活动一 展示物品,分享快乐

1. 请学生带来自己在寒假里收集到的最喜欢的东西,如玩具、图书以及其他春节礼物等。在教室一角布置"我们的收获"展台,并引导学生互相交流,如玩具如何玩,讲述书里的故事等等。根据学生是否积极准备新年的礼物,按要求把春节礼物带来学校展示,将所展示物品的使用方法或内容解说清楚,评出"最好的解说员"若干人。

2. 游戏"快乐火车"——人人参与、汇报"快乐"的活动。请展示礼物的若干学生用身体模仿出"火车"的形状,并邀请其余学生共同参与,让学生轮流说出他们"寒假里最快乐的一件事情",然后把双手搭到前一个学生的肩膀上,使得"小火车"得以接龙下去。最后根据学生是否主动地参与活动、大方地发言,评出"快乐火车手"若干人。

(通过由部分学生解说展示物品,引出全班人人参与的发言活动,使活动达到了"全员互动"的目的,培养了学生收集、整理信息的能力,提高了学生的口语交际水平,一起分享了快乐。)

活动二 学会帮助他人、争当快乐天使

给每个学生几张小纸条,想一想自己在寒假里有没有感到不快乐的时候,有哪些最烦恼、最无趣、最失意的事,然后用简单的文字加图画等方式表现出来,写上自己的名字后,投入纸盒里。完成以后,邀请"快乐天使"上来从纸箱中任选一张纸条,读出纸条上某学生所写的烦恼事,请"快乐天使"帮助他,直至他开心为止。然后让该学生成为下一个"快乐天使"选下一张纸条,帮助下一位有烦恼的学生,如此接力进行,视活动时间和学生的兴趣而定。最后,根据学生是否懂得文明礼貌,善于倾听、表达和应对,善于安慰、关心别人,评出"快乐天使"若干名。

(教师带着教材走进学生的生活,创造一种"互动"状态,最终引导学生重新进入真实的生活世界。教师引导学生交流生活中的不顺心的事,根据这些鲜活的生活体验,顺势引出活动内容——学会帮助他人,培养了学生倾听、表达和应对能力,养成了与人文明交往的习惯。同时,学生在活动过程中陶冶了情操,懂得了在不开心的时候要学会调整和控制自己的情绪,知道了安慰别人的方法,体验到关爱他人会给自己带来更大快乐的美好情感。)

活动三 美化班级、我能行

1. "在寒假里你学会了什么新本领?"教师请学生分组汇报自己的本领。

2. 举行汇报会。请学生做好准备,用不同的方式汇报自己的新本领。如剪窗花、包饺子、朗诵民谣、种水仙花、放烟花、写春联等。

3. 学生介绍自己的本领后,开展互教互学,在交流中学到更多的本领。最后通过多向互动性的评价方式(自评、小组评、集体评),评价学生是否自信展示所长、虚心学习他人、愿意助人学习,评出"剪纸小巧手"(能剪出漂亮图案的纸),"家务小能手"(愿意干家务活、爱劳动),"小小书法家/画家"(能写、能画有特色的作品),"敬老之星"(愿意帮助长者、孝敬父母)及其他本领的称号,教师给予表扬、奖励。

(根据马斯洛的需要层次理论,无论大人或小孩都有被尊重的需要。因此在教学

中,教师针对被评价者的个性及价值客体的特点,作出具有评价者自身特点的个性化激励性口头评价。教师善于挖掘学生的闪亮点,捕捉瞬时评价时机,将口头评价贯穿于课堂教学的始终,极大地激发学生的兴趣和主动参与的积极性,最大限度为学生的发展提供空间。小组活动的形式,使学生通过自己探索、交流展示假期所学到的新本领,并开展互教互学的活动,体会到自己是发现者、研究者、探索者,最终唤起了学生是"我是班级小主人"的意识,鼓励学生用自己的双手美化班级,从而体会到成功的喜悦。)

【课后实践】

教师提出:"谁有本领让我们的教室变得更美呢?"学生结合自己生活中学到的本领和运用自己的智慧去布置教室。

【教学反思】

1. 本节课的课后实践效果良好,因为这是学生真实生活的体验,学生感兴趣。另一方面,学生乐于表现自己生活上所学的本领,因此课后学生们都想方设法让教室变得更美。如用收集到的废旧花盆在教室里种花,共同剪纸、贴窗花等,这样让学生去创造了生活,在活动中得到了锻炼。

2. 本节课的不足之处在于学生的一些个性化的东西没能充分地体现出来,人人未能积极地参与整个活动,没有完全实现教师设计的意图。

3. 作为执教者,本节课给予了我很大的启发和收获。在教学中,我用全新的教学理念设计课堂教学活动,努力自觉地实现重心转移:从以教师为主转变为以学生为主,使学生成为学习和发展的主体。我尊重学生的个体差异性,深入了解学生,尽可能缩短学生和自己的距离,待真正地走进那片纯真的心田时,我感受到了他们妙不可言的奇思妙想、童真童趣。我根据他们的思维特征,把情感结合教材,努力创设生活化的情境,激发和培养他们的学习兴趣,在游戏中学习。对于不同层次的学生,我给予不同的要求,每个学生的表现我都及时肯定,让他们感到他们是很棒的学生。我得到的最大收获是学生们难能可贵的信任和那一张张如花的笑脸。

(深圳市学府小学 廖宇媚)

春节不休息的叔叔阿姨

【设计理念】

"每逢佳节倍思亲",可是在节假日里,还有许多叔叔阿姨放弃休息,忘我地工作。通过本次活动,让学生了解在节假日里工作的人们的辛苦,同时,加强学生与周围人的交流和沟通,唤起他们为他人服务的热情。

【活动目标】

1. 重温家庭过年的欢乐,感受春节还在辛勤工作的人们的辛苦。
2. 体验关爱他人的情感。
3. 学习以自己的方式表达对他人的关心和感激。

【教学预备活动】

课前准备:

让学生准备一些新年的照片、过年时的物品

【活动过程】

第一环节:

1. 创设情景 感受春节的气氛

根据学生对直观的、形象的事物更感兴趣的心理特点,用音乐和视频调动学生学习的积极性、主动性,让学生感受到浓浓的春节氛围,回想起过年时一幕幕热闹的情景。

(一首欢快、喜庆的歌曲《咚咚锵》,视频舞狮、观花灯、贴窗花、南方春节花市等一系列活动展示春节期间祖国处处热闹欢腾的场面和人们的欢欣喜悦之情,把学生带到过年的节日气氛中。)

师:大家回忆一下过年时的热闹情景,你家是怎样过年的?过年时一家人都团聚了吗?

学生回忆一家人过年时的情况。可以从在哪儿过年、和谁过年、怎样过年等方面进行讲述。还可以出示照片、物品等。

(通过创设情景,让学生重温过年时的情景,有利于激发学生的学习兴趣。)

2. 引入主题,感受春节上班的叔叔阿姨的辛苦

师:春节有哪些人没有和家人团聚,还在上班?

师:同学们想一想:如果过年时医生、司机、售货员、护士都去休息,不工作了,那么会怎么样?

学生讨论、交流

（评析：通过假设"要是春节里大家都休息，不工作了，那会怎么样"，让学生联系生活，大胆想像，从而引导学生深入理解医生、司机、交警等许许多多的叔叔阿姨是为了让人们愉快地过一个好年才不休息的，并在这一环节中，培养学生的想像力、思维能力以及口头表达能力。）

3．表达爱心

师：是啊，叔叔阿姨为了让大家愉快地过个好年，自己顾不得休息，坚守岗位，认真工作，我们怎样表达我们的心意呢？

（1）讨论表达心意的方法（用自己寒假里学会的本领制作小礼物，画一幅画，写慰问信，日常生活中尊敬他们。）

（2）小组合作写慰问信，画画，制作小礼物。

（3）汇报、交流。

（评析：学生通过自主发言及小组合作学习，通过写慰问信、画画、制作小礼物、慰问等自己喜欢的方式向"春节里不休息的人"表达敬意，这引起学生情感上的共鸣，并在学习活动中体现了学科知识的整合，还培养了学生合作学习的能力，促进了学生各方面的发展。）

【课后实践】

慰问春节坚持工作的人。

【教学反思】

通过本次活动，学生们能够认识到春节里，我们欢乐的同时，还有许多的叔叔阿姨在辛勤地劳动，体会到关爱他人的重要，学会表达对他人的关心和感激，能够在今后的生活中珍惜他人的劳动成果，赞美他人的奉献精神，长大后也愿意成为他们中的一员，为更多的人们服务，献出自己的一份爱心，让世界充满爱。

（深圳市沙河小学　张义珍）

新学期，新的我

【设计理念】
　　学生对新学期总是充满了期待，总是满怀希望，希望在新学期有新的收获。教师抓住学生积极向上的心理开展活动，促进学生形成积极的自我期待。

【活动目标】
　　1. 感受新学期的变化。
　　2. 学习有计划地安排自己的生活和学习，形成积极的自我期待。
　　3. 能选择适合自己的方式提醒、督促自己的行为。

【教学预备活动】
　　1. 学生实态：
　　新学期开始，学生会有一种不可名状的兴奋感，但他们往往不知道自己该怎样做。
　　2. 课前准备：
　　学生了解爸爸、妈妈对自己的期望。

【活动过程】
　　第一环节：分组寻找新的变化——发现
　　师：新学期开始了，你们发现班级生活中有哪些新的变化？同学也有哪些改变？
　　1. 学生自由组合，分组观察校园、教室，走访师生。把看到和听到的写一写、画一画。
　　2. 组织"我的发现"汇报会，小组选代表进行汇报。

　　第二环节：谈自己的打算，爸爸、妈妈、老师的期望——畅想
　　师：新学期，每位同学都怀着美好的愿望来到学校，大家有什么打算呢？
　　1. 画一画，写一写自己想做的事，自己打算改正的坏习惯等。
　　2. 小组交流，展示爸爸、妈妈的寄语卡。
　　3. 读读老师的评语，说说自己的感受。
　　4. 小品表演：《我不迟到了》、《我爱读书了》、《我学会做家务》、《我会主动帮助同学》。

　　第三环节：帮自己实现愿望的方法——自我提示
　　1. 讨论：怎样自我提示、督促自己实现愿望？
　　2. 介绍、交流自己设计的各种方法进行自我提示，如每周表现记录卡、提示牌等。
　　教师请学生根据自己的打算，独立设计关于自己某方面的进步卡，可以以周、天等

为时间维度,记录自己的表现。还要鼓励学生用自己喜欢的标志奖励自己的进步,例如,画一个笑脸等。

我的进步卡

	第一周	第二周	第三周	……
上学不迟到				
带齐学习用品				
阅读课外书				
与同学友好相处				
……				

这是一年级小学生提醒自己改进不良习惯的方式之一。学生可以针对自己的不良习惯设计能够提醒自己改进的小牌,可以借鉴交通标志牌来设计。例如,上课爱说话的学生可以将自我提示牌设计为:在小牌子上面画一张张开的嘴☺,嘴上画一道斜杠,提醒自己不要随便说话。

第四环节:进步展示台——表现

1. 全班学生共同设计"我的成长树"展示板。

2. 以小卡片的形式,用图或一句话来表示自己的愿望,贴在展示板上展示出来,大家互相督促,发现并记录自己和其他学生的进步。

【课后实践】

学生在家设计一张进步时间表。

【教学反思】

通过设计本课教学活动,我认识到:每个学生的经验和学习水平不同,教师应允许学生以自己的方式学习。自己的成长是多方面的,教师不能光强调提高学习成绩、上课守纪律等,要注重从学生的交往、锻炼身体、做手工、看课外书、做力所能及的家务活等方面入手讨论,促进学生全面发展。

(深圳市沙河小学　陈文红)

春天在哪里

【设计理念】
1. 用美妙的情景调动学生的积极性。
2. 大胆解放学生,培养主体精神。
3. 创设宽松环境,不禁锢学生的行为,尊重学生的兴趣发展。
4. 多采用激励措施。

【活动目标】
1. 通过观察大自然、学生自主的讨论、教师的引导,体验春天的美,热爱大自然。
2. 引导学生了解春天的季节特征及其与人们生活的关系。
3. 通过活动引导学生创造性地表达对于春天的认识和感受。

【教学预备活动】
1. 学生实态:
(1) 现在城市里的小学生大多是一直生长在城市里,再加上深圳的气候特点是四季如春,学生对春天的特点不是了解得很清楚。
(2) 学生大多是独生子女,过着衣来伸手、饭来张口的生活,容易出现自私、任性、不懂得关心他人等毛病,特别是他们不会关注周围环境。
2. 课前准备:
(1) 课前布置学生去观察:春天到了,大自然有什么变化?
学生在观察后,每人画一幅春景图,把自己观察到的最感兴趣的内容画下来。
(2) 教师课前网上搜索流水的声音、小鸟的叫声以及《春之声》、《春光美》、《春天在哪里》等名曲。
(3) 准备课件及深圳的春景录像资料,"春姑娘"的放大造型,"环保小卫士"奖章。

【活动过程】
第一环节:看春天
(播放《嘀哩嘀哩》的乐曲,在优美的旋律中开课。)
师:同学们,你们听,美丽的春姑娘已经来到了我们的身边,并飞进了我们的教室里,让我们一起去看看它。(播放课件——清清的小河、刚发芽的柳树、嫩绿的小草慢慢破土而出、欢快地播种的农民,以及开放的鲜花、飞翔的燕子、放飞的风筝等。)

第二环节:说春天
师:看到了这样美的春天,我们想说些什么?快说给我们听听。

生：我觉得春天真美，它是一年中最美的季节。

生：我发现只要到了春天，我们穿的衣服、裤子、鞋子都在慢慢地变薄、变轻，天气也比以前暖和多了。

生：春天的公园花特别香。

生：在春天，小草嫩芽会慢慢地重新长出来，小动物们也从冬眠中苏醒过来。

生：我多想星期天和爸爸妈妈一起到中山公园放风筝。

生：我喜欢春天的雨，细细的，有一首诗是写春雨的——好雨知时节，当春乃发生；随风潜入夜，润物细无声。

师：同学们刚才说得真好，你们看见了春天的美丽，听到了春天的脚步，闻到了春天的花香，体会到了春天的变化。这真是一个多姿多彩，惹人喜爱的春天。

第三环节：展示春天

师：听说你们也把春天带进了教室来，快拿出来让我们瞧瞧！

1. 分小组展示图画，介绍从哪看出春天来了，比一比，谁画得好。

2. 师指导学生说、议、评画，并从中选出几张有代表性的画贴在黑板上，请学生走到台前来说。

3. 教师仔细听完学生的回答后，给予称赞，把孩子们的热情带入下一个环节。

A组

学生1：你们看我的画上柳枝上长出了许多小小的嫩芽！树枝也变长了，像老爷爷的胡须。

学生2：咦，为什么你树叶的颜色是不一样的？

学生1：当然了，你认真观察就会发现，有的是嫩黄色的，有的是浅绿的。

学生3：没有错，还有叶子是深绿色的呢。

学生1：我还在池塘里画了几只小蝌蚪。

B组

学生1：（拿起他的画问）你们知道这是什么花吗？

学生：迎春花吧！

学生：好漂亮的花呀！有那么多的颜色！

学生：（一起数着）大红、白色、粉黄……

教师参与：大家看看，他画的所有花瓣的形状都一样吗？

学生：我来看看。哦！不一样，有的是三角形，有的是半圆形。

学生：对，大小也不一样，有的大，有的小。

学生：老师，我还发现他画的花瓣的数量不一样。

学生：有五片，有八片。

学生：还有十二片的。

教师：你们真能干，观察得很仔细，用你们的画笔把春天带到了我们的教室。

第四环节：赞春天

1. 师：春天是美丽的，春天也是淘气的，听！它正在和我们捉迷藏呢！

（播放歌曲《春天在哪里》，与小朋友一起拍手、唱歌。）

师：你们唱得真好，这么美的春天多让人陶醉啊！小朋友，你还想用什么样的方式表达对春天的喜爱呢?

师:你们的想法真不错,来,让我们快快行动吧!

(鼓励学生自由组合,教师指导方法。)

第五环节:赏春天,悟环保

师:小朋友真棒,用自己喜欢的方式表达了对春天的喜爱,老师刚才走在你们身边,深深地感受到了春天的可爱与美丽,让我们再来欣赏一下这美丽的春景吧!

1. 师播放一段"深圳的春景"录像资料,配上解说、音乐。

2. 画面在一座大公园,一个美丽的花坛前停住,转到一个小男孩准备摘花的小动作,并配音白:"哇,真漂亮,我真想把一朵花带回家!"

生:不可以(齐声说)

(动画中小男孩问道:为什么?)

生:摘了它,它会死掉的。

生:你摘了它,别人就看不到这美丽的花啦!

生:花是植物,老师曾经告诉我们,植物吸的是二氧化碳,呼的是氧气。我们人类正好相反,呼出的是二氧化碳,吸的是氧气。如果我们身边的植物少了,空气质量就不好了,对我们的健康没有好处。

生:摘花、拔草、砍树、捉小鸟这些行为都不好,如果大家都去这样做,那我们的周围就慢慢地没有了花,没有了草,没有了树,也没有了小鸟的歌唱,就一点儿也不美了,我们会觉得很难受的。

3. 播放画面:小男孩涨红着脸,羞愧地对大家说:"今后,我再也不会乱摘鲜花,我会让更多的人欣赏到它的美,谢谢你们!"

4. 师:啊,你们真是一群顶呱呱的"环保小卫士"!(给发言的学生颁发"环保"奖章)你们当上了"环保小卫士",今后将怎么做呢?

5. 师:说得多好啊,你们真是长大了,懂事了,老师真为你们感到骄傲,就让我们用实际行动来保护这美丽的春天吧!让春天因为我们而更加美丽!

【课后实践】

下课后,学生可以回家与父母一起设计一条环保标语,也可以画一张以环保为主题的图画,办一个环保专栏,让更多的人懂得环保的意义,用行动把美丽的春天留住。

【教学反思】

课堂容量大,课前做了充分的教学准备。从学生在课堂上的整体表现看,基本上达到了以情动人、以情晓理的效果。教师与学生一起合作办的环保专栏,既锻炼了学生的能力,又让学生产生了自信心、归属感。

分组进行小组互说、互评的时间短,每一组人数较多,未能保证每一个孩子都有参与讨论的机会。

(深圳市向南小学　涂金花)

春 天 来 了

【设计理念】

　　课堂是学生活动的广阔天地,教师运用各种活动形式,营造一个适宜的情境,让学生在里面尽情地说,尽情地问,尽情地想,尽情地演,让学生在主动积极的参与中,情感得到熏陶,价值判断能力得到充分培养。

【活动目标】

　　1. 认识目标

　　(1) 通过观察、感受与发现春天的特点,探究春天自然界的变化。

　　(2) 懂得赏春活动中应有的文明行为,具有初步的环保意识。

　　2. 情感目标

　　(1) 培养学生热爱大自然的情感,充分感受春天的美。

　　(2) 体验春天到来的愉快。

　　3. 行为目标

　　(1) 引导学生积极参加"找春天的活动"。

　　(2) 培养学生对自然现象的观察力,感受力。

　　(3) 引导学生用实际行动保护美丽的大自然。

【教学预备活动】

　　课前准备

　　1. 课前布置:让学生走近大自然,找找春姑娘的足迹。

　　学生在观察后,把发现的、感受到的春天的特征用自己喜欢的方式(绘画、描写、手工制作)表现出来。

　　2. 教学用具:

　　(1) 事先准备好录音带(如流水的声音、小鸟的叫声)以及《春之声》、《春光美》、《春天在哪里》等名曲。

　　(2) 一段破坏环境的录像。

　　(3) 春天景色的录像。

【活动过程】

　　第一环节:

　　1. 播放《春光美》乐曲,教师在优美的旋律中开课。

　　师:同学,你们听美丽的春姑娘已经来到了我们的身边,飞到了我们的教室里,让我们一起去看看它。

2. 教师播放录像。

第二环节：

教师引导学生进行"说春天"的训练。

师：看到了这样美的春天，你们想说些什么？快说出来听听。同学们，我们刚刚看到的春天很美，而你们说出来的春天更美。

第三环节：

1. 师：春天是多姿多彩的，春天也是淘气的，听！它正在和我们捉迷藏呢？

（播放《春天在哪里》乐曲，与小朋友一起拍手、唱歌）

师：在我们的生活中，多姿多彩的春天是无处不在的。听说你们找到了春姑娘，快把她请出来让我们瞧瞧！

2. 分小组展示作品，介绍作品并比一比，谁的好。

3. 教师参与讨论，并从中选出几张有代表性的作品放到信息展示台上，请学生走到台前来介绍。

第四环节：

1. 师：这么美的春天多让人陶醉啊！同学们，你们还想用什么样的方式表达对春天的喜爱呢？

生：我想用跳舞来表达对春天的喜爱。

生：我想用背诗来表达对春天的喜爱。

生：我想念儿歌。

生：我想说成语。

生：我还想唱歌。

……

师：你们的想法真不错，来，让我们快快行动吧！

2. 学生自由组合，教师指导。

第五环节：

师：同学们真棒，你们用自己喜欢的方式表达了对春天的喜爱，老师刚才走到你们身边，深深地感受到了春天的可爱与美丽，让我们再来欣赏一下这美丽的春景吧！

1. 师播放一段"春景"录像资料，配上解说、音乐，与学生一起欣赏。

画面在一座大公园的一个美丽的花坛前停住，不断有人摘花，直到最后变成了一个光秃秃的花园。

2. 学生纷纷发表感想。

生：花被摘了，花会死掉的。

生：你摘了它，别人就看不到这美丽的花啦！

生：摘花、拔草、砍树这些行为都是不好的，会破坏环境。

3. 师：啊，你们真是一群顶呱呱的"环保小卫士"！就让我们用实际行动来保护这美丽的春天吧！

【课后实践】

下课后，学生可以回家设计一条环保宣言，让更多的人懂得环保的意义，用行动把美丽的春天留住,教师在下一节课组织评比,看看谁设计得最好。

【教学反思】

    1. 在整堂课里学生都在愉快活泼的气氛中,感受、赞美、表现春天的美。教师在特定情景的启发下,将情感、态度、价值观目标巧妙地渗透到了教学中。没有教师说教,学生在学习活动中自觉地得到爱护春天的教育。

    2. 不足之处是,由于课堂容量大,有些环节没有真正让每个学生动起来。

(深圳市平山小学　吴　帆)

我和春风一起玩

【设计理念】

小学生,特别是低年级学生,他们充满童趣,本节课抓住一个"玩"字,让学生在玩中学习,在玩中体会生活的美好。

【活动目标】

1. 通过活动,让学生全身心体验春天生活的美好与乐趣。
2. 学生学习制作简单的游戏玩具,在动手的同时动脑,培养创新精神。
3. 引导学生学会与他人合作,团结互助。

【教学预备活动】

1. 学生实态:

学生对玩最感兴趣,本活动课涉及到的几种游戏,学生平时生活中也经常接触过,现在和其他同学一起玩,他们更有兴趣。但学生制作玩具可能有一定的难度,所以,主要制作较简单的玩具,较复杂的玩具如风筝,可以让学生带来。

2. 课前准备:

(1) 本节活动课主要采取小组的组织形式,在课前,请小组长结合各个学生自己的兴趣,安排各个学生做的玩具,然后请家长帮忙指导准备各种形状颜色不一的废旧纸张、小木棒、画笔、胶水、竹板条、细铁丝、图钉、风筝、风车、飞机等。

(2) 教师准备自己的玩具、实物投影、录音机、磁带等。

【活动过程】

第一环节:教师谈话交流,激发兴趣。

师:同学们,你们喜欢玩吗?平时玩些什么?把你最喜欢玩的游戏和同桌交流交流。春风姐姐看见你们平时有这么多好玩的游戏,玩得这么开心,也想和你们一起玩,你们欢迎她吗?

(课件出示主题。)

师:那你准备和她玩什么游戏呢?这里有几个小朋友已经和春风一起玩了,你们看看他们是怎么玩的,打开书,说一说。

(投影课本图片。)

第二环节:动手动脑,做做玩玩。

1. 教师展示自己的玩具。

2. 师生共同探讨几种玩具的制作方法,主要由会做的学生来讲。

3. 学生动手做玩具,可以自己做,也可以组成小组一起做,活动主要倡导互相帮助,合作学习。小组合作时,教师指导小组长组织活动。教师对于个别学生进行个别指导,同时及时提醒学生正确使用工具,注意安全。在做玩具的过程中可以放点音乐调节气氛。

4. 制作基本完成后,教师带领学生到户外去玩一玩,首先让他们试一试来玩。学生在小组长的组织下,互相帮助,改进玩具。

5. 飞一飞,赛一赛。以小组为单位,学生来赛一赛,如,看谁的飞机飞得远,看谁的风车转得快,看谁的风筝飞得高等。班级还可以来一个评分板,按名次分别给各个小组加分,也可把前面做的、试的组织分加进来,最后看哪个小组的分数高,进行评奖。

第三环节:总结思考,交流收获。

1. 分小组讨论今天的收获,包括知识方面,与学生合作方面等等。也可以把问题提出来,和同学、老师、爸爸妈妈共同探讨。

2. 教师总结:今天我们和春风姐姐玩了一节课,同学们收获很多(此处根据学生刚才讲的进行概括),春风姐姐看见小朋友们又长大了懂事了,非常高兴,她说,下次再和小朋友们一起玩。

(课件展示春风姐姐离去的画面和声音。)

【课后实践】

让学生想一想,还有哪些和春风姐姐一起玩的游戏,在家里试着做一做,玩一玩,也可以邀请亲人朋友一起玩。学生还可以通过看书、上网查找相关的资料,了解更多有关风的知识。

【教学反思】

在活动中,学生们充分展示出了孩子的天性,玩得快乐,学得开心。他们在活动中去接触这个美丽的世界,去感受生活的美好,去学习,去探索,去合作,去学会与人交往,去提高能力。许多学生所展现出的想像力是惊人的,我想,做家长的都有这样的经历:孩子幼小的时候总是爱问一些有时大人都无法回答的问题,而他们有时的想法大人都想不到。那我们为何不顺应这种情况去进行我们的教育呢! 为什么我们要用练习题、用重复的说教将学生越教越死呢?

(深圳市大磡小学 杨丽群)

"金点子"行动

【设计理念】

1. 本活动设计结合"防疫情,抗非典",学校不易搞大型活动的实际情况,把学习空间留给每位学生,让学生充分体验小主人的精神。教师引导学生拓宽信息渠道,广泛地与校内外各方面人接触交往,留心周围环境提供的信息,获得活动的灵感。

2. 设计丰富多样的活动内容和喜闻乐见的活动形式,将品德教育融于游戏中,激发学生的参与意识和创造欲望。

3. 让学生自主、愉快地体验活动。鼓励有特色的方案和创意,使学生感受到集体智慧的作用,体验到合作学习的乐趣。

【活动目标】

1. 让学生积极自主地开展节日庆祝活动,体验节日的快乐,激发热爱生活的情感。

2. 增强学生小主人的意识,感受创作的乐趣和成功的喜悦。

3. 开阔学生视野,提高收集信息的能力。

4. 培养学生策划、想像、创作、表现的能力以及与同伴合作交流的能力。

【教学预备活动】

课前准备:

1. 教师:几张历年本校"六一"活动的精彩照片,网上下载其他国家庆祝"六一"节的图片和资料。

2. 学生:通过询问、观察、上网、阅读来收集有关"六一"活动内容的资料,各小组准备一张大白纸及笔。

【活动过程】

第一环节:师生互动 导入活动

1. 教师谈话。

师:同学们,过几天就是6月1日,你们知道是什么节日吗?

生:是我们的"六一"儿童节

师:去年你在幼儿园里是怎么庆祝节日的呢?把你印象最深的一件事讲给伙伴听。

2. 学生之间相互交流。

3. 师:今年为了防非典,学校把美好的时光留给我们自己,庆祝活动的形式由我们自己选择。大家高不高兴?

4. 教师提议:今年"六一"儿童节是你成为小学生后过的第一个儿童节,比以前的儿童节更有意义。那么,咱们怎样过才能更有意义,更丰富多彩呢?大家共同出出点子,想想办法。

第二环节:学生策划、讨论、协商班级的活动

1. 教师启发学生从同伴、家长、网上、社区和商家举办公益性庆祝活动等渠道获取的信息,加以整理。在此基础上,学生自主设计节日活动。用实物投影放出历年"六一"活动的照片,抛砖引玉,激发学生参与的热情。

2. 学生在小组交流各自的想法。每个小组在通过讨论、商榷、表决达成一致后,将本组计划写在一张大白纸上。讨论中学生自由发表意见,气氛活跃,大家聚在一起各抒己见,非常热烈。

生:我喜欢唱歌、跳舞,我们表演节目。

生:有一次,在铜锣湾看见双人夹气球比赛,很好玩。

生:我们有好多人会折纸,搞个折纸比赛,看谁折的花样最多最快。

生:我们玩吹蜡烛,看谁力气大。

生:我们到操场去玩游戏——"瞎子逮人"、"老鹰抓小鸡"。

生:在幼儿园玩"贴鼻子"、"投球"也很好玩。

3. 各小组推荐代表向全班汇报"六一"活动计划。

一组:开展"我能行"曲艺表演——器乐合奏;折纸比赛;"我的魔术变"

二组:建议去吃麦当劳,做猜谜游戏。

三组:开展游艺活动——投球、吹蜡烛、贴鼻子等。

四组:举行歌舞表演。邀请形体老师宋老师指导。

五组:建议为抗非典前线的白衣天使画画,写上祝福。

六组:决定去动物园玩。

4. 全班交流讨论,确定班级节日活动内容。

5. 教师宣布采纳其中四个组的活动计划。(堂上学生欢呼雀跃,沉浸在喜悦之中。)

第三环节:准备节日活动

1. 教师为学生提供活动所必要的物质及信息,在方法上给以支持和帮助,并联络提供活动场所,及时协调等。

2. 学生推选各项目的负责人、主持人等。

3. 教师指导学生分工合作,布置庆祝活动的场所。

第四环节:庆祝节日

学生按照自己设计的游艺、歌舞、曲艺表演、绘画比赛等进行。

【课后实践】

讨论、调查:世界上所有国家的儿童节都有6月1日吗?引导学生了解一些国家儿童节的情况。

【教学反思】

1. 课堂气氛热烈。学生情绪激昂,参与欲望较强,他们感受到了学习成功的乐趣。

2. 教学活动范围略显狭隘,多数局限于学生个人生活经验。

3. 分组进行集体讨论时,难以保证每个学生参与活动。

(深圳市华侨城小学　戴冬梅)

"六一"大行动

【设计理念】

"六一"儿童节是孩子们最喜爱、最盼望的节日。这个"六一"又是孩子在小学阶段的第一个儿童节。活动设计立足于孩子的生活,充分发挥孩子的自主、合作的精神,通过节日体验发展学生主体意识和创造精神,以及关心他人、社会的品德行为。

【活动目标】

1. 积极自主开展活动,体验节日快乐,培养生活情趣。
2. 用多样化的方法准备节日活动,多样化地表现才能,体验参与、创造的乐趣。
3. 提高自主活动的意识和合作交流的能力。
4. 能正确使用简单的工具和材料,有创意地利用废旧材料。

【教学预备活动】

1. 学生实态:

"六一"儿童节是学生最喜欢的节日之一,经了解学生在幼儿园已经参与过"六一"儿童节的活动,具备一定的动手能力,对于开展本次活动已有一些很好的思路。

2. 课前准备:

(1) 知识准备:学生了解节日来历及相关的歌曲、歌谣。

(2) 活动准备:学生准备利用废物自制的玩具及手工作品。

教师在活动前关心特长不明显或有自卑感的学生,让每个学生能参与。

【活动过程】

活动一 谈话引入,找准"切入点",激发活动兴趣

师:以前,你们"六一"节是怎样过的?幼儿园是怎样庆祝的?请大家说一说。

学生分组说与"六一"有关的儿歌,创造节日快乐气氛。师生一起唱节日歌。

活动二 才艺展示,捕捉"兴奋点",共享节日乐趣

1. 展示活动。

(1) 学生展示自己利用碎鸡蛋壳、米粒、沙砾、落叶等做成的各种美丽的装饰画,看

谁的构图最美丽。可以用作品美化教室（或美化自己的房间），并在上面写上送给自己的祝福或自勉的话。

（2）学生展示自己利用废弃物如旧报纸、易拉罐制作道具、头饰、乐器等，看谁的服饰最新颖、最有创意。也可以利用废弃物制作道具、头饰、乐器等进行歌舞、化装表演。

（3）学生展示自己利用废弃物如纸盒、泡沫、瓶子制作的机器人、汽车、楼房、乐器、保龄球等玩具，看谁的设计最巧妙、做工最精细。

2. 分享快乐

（1）快乐手牵手，把自己做的、画的作品送给自己喜欢的同学、玩伴或亲人，让大家分享劳动、快乐。也可以贴在教室的墙上，装扮出一个美丽的小天地。

（2）每组选出一张图画有创意地拼在一张大纸上构成一幅画——《快乐的日子》。

（3）学生和自己喜欢的小制作、小画家合影留念，记住这个难忘的"六一"节。

3. 创新游戏

（1）比一比，谁的大楼盖得高：

每组把准备好的易拉罐一个一个摞起来，看哪一组摞得高。注意发扬团队精神。

（2）棉花比赛：

看谁能把最轻的棉花投得最远。把最不可能的事做得最好，就是最棒的。

（3）创游戏：

学生开动脑筋，发挥想像把自己想的游戏说一说，可以小组交流看谁的游戏有趣，可操作性强，可行性大，也可以集体改进游戏，集体做游戏。注意体现学生间的合作精神。

【课后实践】

1. 观察周围街道、建筑物装饰的变化，收集社区、商家、公园的迎"六一"节相关庆典活动的资源。

2. 课后与手拉手学校的孩子通过信函联系，了解他们的"六一"节是如何过的。

3. 有条件的学生可以到福利院慰问小朋友。

4. 让学生了解非洲受苦孩子的生活状况，通过网络等途径寻找图片，近距离感受。比一比，更加珍惜自己现在的生活。

【教学反思】

爱动、喜乐是孩子的天性。在教学中，如果真正能做到"寓教于乐"、"润物细无声"那将是品德教育的一大成功。在本次活动中，只要学生愿做、乐做的事情，教师就尽量放手让学生做。教师相信，只要尽力了就是最好的。在学生的树叶贴画中，教师惊喜地发现了学生的创造力，发现了与众不同的让成人为之赞叹的美。所以，与学生们在一起，只要愿意，你会看到更多的惊喜。

（深圳市南山外国语学校 邵 静）

开心"六一"

【设计理念】
"六一"儿童节是学生最喜爱、最盼望的节日。而此次"六一"节是学生上小学后的第一个"六一"节,为了让作为小学生的"六一"与在幼儿园时的不一样。因此设计了学生喜欢的游园活动,让他们过一个开心的儿童节,突出了学生是自己节日的小主人这一理念。同时,在节日中不忘关爱同龄的山区同伴,为他们送温暖,与同龄孩子共同进步。本篇教学活动设计希望让学生通过愉快的节日体验发展积极的自我意识、主体意识和合作交流意识,以及培养热爱生活、关心他人等多方面的优秀品德。

【活动目标】
1. 让学生感受节日的欢快气氛,体验活动的愉快。
2. 在活动中激发学生热爱生活、珍惜生活的情感,为贫困山区的孩子奉献爱心。
3. 培养学生活动的兴趣,学会探索问题。

【教学预备活动】
1. 学生实态:
学生期待和盼望与幼儿园不同的"六一"节,希望在游戏活动中得到快乐的体验。他们还有参与游园活动管理的愿望,家长也愿意参与学生们的活动。
2. 课前准备:
(1)教师:给家长的邀请信、游园券、奖品、录音机及歌曲磁带。
(2)学生:纸彩带、节日贺卡、特殊队费、捐赠的书籍或物品。

【活动过程】

活动一 互赠贺卡

目标:
营造温馨的节日气氛,通过小小贺卡送上节日的问候。

操作:
1. 导入:同学们,今天是我们上小学后的第一个"六一"儿童节,你们高兴吗?那就让我们一起随着音乐唱起来,跳起来吧!
2. 播放歌曲《隆咚锵》,学生手舞纸彩带,边唱边扭秧歌。教室里洋溢着节日的欢快气氛。(音乐课学过《隆咚锵》,边唱边舞体现学科的整合。)

3. 学生们互赠贺卡,并向对方说上一句祝福的话。

活动二 比比童年

目标:

通过与父母比童年,懂得今天的幸福生活来之不易,激发学生热爱祖国、孝敬父母的情感。

操作:

教师导语:今天,有许多的爸爸、妈妈也来参加我们的儿童节活动。让我们以热烈的掌声欢迎他们的到来。同学们,你们想知道爸爸妈妈的儿童节是怎样度过的吗?

1. 与父母比童年。

家长与孩子一起走上讲台谈童年。

2. 教师小结。

师:同学们,对比父母童年,我们的童年真幸福,老师真羡慕你们。你们生长在改革开放的年代里,生活是那么甜蜜、那么愉快、那么幸福,你们都有一个金色的童年。我们一定要珍惜现在的幸福生活。

活动三 快乐牵手

目标:

以实际行动捐助贫困山区的孩子,奉献爱心。

操作:

1. 捐一次特殊的队费

师:同学们,在我国的许多山区,有很多和我们同龄的孩子,他们的生活还很贫困,有的孩子甚至没钱上学,让我们全体少先队员为他们捐一次特殊的队费吧!

2. 为山区孩子献爱心

队员们在音乐《快乐的节日》中把书籍、文具、衣物或零用钱放进箱中。

活动四 游园同乐

目标:

1. 通过设计游园道具,培养孩子的团结合作精神;

2. 在活动中激发科学的探究兴趣;

3. 在亲子游戏中让学生体会亲情。

操作:

1. 发放游园券。

2. 请游园项目的设计小组介绍游园规则:

(1)罗铭小组介绍"车轮滚滚"(套圈)的玩法。

（2）周莹小组介绍"迷你保龄"的玩法。
（3）陈道松小组介绍"开心谜语"的规则。
（4）周建华小组介绍"端球闯关"的规则。
（5）欧阳小乐小组介绍"亲子运球"的规则。
3. 教师提问：游戏中我们要注意些什么？
学生明白要注意安全，关心他人，互相谦让。
4. 家长与孩子游园同乐。

活动五　畅谈收获

目标：
在充分体验节日的快乐及分享成功的喜悦的同时，进行口头表达能力的训练。
操作：
1. 活动——"我最棒"
师引导：谁愿意上来展示你获得的奖品？并且说说你在游戏中是怎样克服困难，胜利闯关的？
2. 活动——"我来说"
师：你参加了哪些游园项目？请用表示时间、地点、人物、事情的词语，把话说完整。
学生积极发言，教师注意给予及时的肯定。

【课后实践】
1. 学生把活动的感受说给父母及亲朋好友听。
2. 学生与家人分享奖品。
3. 学生写日记，记下自己的快乐体验。

【教学反思】
1. 课堂的容量大，教师课前要做充分的教学准备。从家长的反映及学生的整体表现看，活动基本体现了"愉快的节日、积极地参与、能力的锻炼"。
2. 学生能够自己负责和管理各项活动，增强了学生的小主人意识。
3. 由于在教室及走廊进行，活动的范围不够大，显得比较拥挤，影响了活动质量。

（深圳市南油小学　杨冬梅）

我的这一年

【设计理念】

1. 素质教育的理念。素质教育与新课程的共同理念是促进学生做德、智、体、美、劳全面发展的人。在以学生全面发展为本的理念引领下,本活动设计要充分展示学生健康成长快乐学习和谐发展的生活风采。教师要充分为学生搭建展示自我、体验生活、创造未来的舞台。

2. 大教育时空观。本活动设计采用了家庭、社区、学校班级的空间顺序来展示学生的成长,说明小学生的成长不仅在学校里,家庭、社区都有责任。

3. 当代学生多彩的生活观。针对学生家庭经济背景与学校网络教育的实际,本活动设计增加了网络画面制作和歌舞、游戏等表现学生成长的形式,意在拓展教材给出的内容、形式,贴进学生的生活实际,更加形象、真实、生动地反映学生多彩的生活。

【活动目标】

1. 学生回顾在一年里自己的成长与变化,通过对比全面地认识自我,树立自信心,进而热爱生活。

2. 学生感受与同伴在成长中所产生的愉悦,激发学生对二年级生活的向往。

3. 学生体会与感激老师、家长对自己成长的帮助与希望。

【教学预备活动】

课前准备:

1. 学生准备:

(1)每人画两三幅反映自己成长变化的画,反映自己在一年里的发展与进步。

(2)每人设计一本以"我的这一年"为题的成长记录册。(照片、文字相结合)

(3)学生找合作伙伴(3人以上)唱唱自己学过的歌,跳跳自己喜欢的舞。

(4)学生想一想自己在家庭、社区和学校生活中形体、情趣、自理、文明礼貌等方面有哪些变化。做朋友进步卡,写上祝贺与赞美同伴成长的一句话。

2. 教具:

(1)电脑、实物投影仪、录音机。

(2)歌曲、背景音乐。

(3)鼓、大红花。

(4)展示台。

(5) 一年来班级重大活动的录像带。
(6) 活动设计三组网络课件(家庭成长、社会成长、学校成长)。
3．家长：
(1) 一封信。
(2) 与孩子一起制作反映子女成长的网络画面。

【活动过程】

活动一　爸爸、妈妈夸我懂事了(家庭成长、家长关怀)

主题：回顾成长

目的：

通过对比、回忆,让学生知道家庭是成长的摇篮,知道爸爸、妈妈为自己成长付出的辛劳,在家做个懂事的好孩子。

操作：

1．"画"说成长。用自己准备好的画来描述自我成长变化。要求画面采用对比的方式来说明。如：入学前穿的鞋,现在穿的鞋；妈妈帮整理书包的画面,自己整理书包的画面；原来穿的衣服,现在穿的衣服等等。原来不会系鞋带,不会梳头、剪指甲,不会扫地擦桌子等。

2．书写成长。拿出爸爸妈妈写好的一封信,摆在桌面上,由主持人组织大家做击鼓传花的游戏,鼓声一停,花到谁的手中就宣读谁的信。

3．聚焦成长。展示自己从出生到现在的成长相册,先由合作伙伴互相讲解交流,再请两名学生到前面向大家交流。

活动二　学生夸我进步了(社区成长、同伴互助)

主题：和谐成长

目的：

通过讲故事,表演歌舞,制作"朋友(或伙伴)进步卡",激励学生知道自己要和小伙伴一起成长,在社区里要做一个文明的小公民。

操作：

1．赞美成长。讲一个赞美学生在放学路上、街道上、社区里助人为乐帮助他人的小故事。

2．激励成长。分组进行成长进步对比,在自己组里找出一个进步最大的伙伴,将他变化最明显的一点记录到自制的"朋友进步卡"上,贴在班级成长树上,表示祝贺。(人次不能重复)

3．歌舞成长。放音乐齐唱一首大家最喜欢的歌,并加上自己编的动作。
(1) 自找伙伴到前面唱唱学过的歌；
(2) 自找伙伴到前面跳跳喜欢的舞。

活动三　老师夸我长大了（学校成长、教师领引、自我努力）

主题：快乐成长

目的：

个人成长汇报、班级大事精彩录像回放、成长记录册展示，倾听一年来成长的声音，激发学生对学校生活的热爱，对二年级生活的向往，对快乐成长的追求，在学校里做一个全面发展的小学生。

1. 汇报成长。说说自己入学前后的发展变化。

（1）知识增多：识字、计数、背古诗、成语、讲笑话、猜谜语等。

（2）形体变化：身高体重、衣裤鞋袜等。

（3）生活情趣：上学后学会的各种文体活动等。

（4）懂事礼貌：学会了尊老爱幼、接人待物、交朋友、帮助他人等等。

2. 展示成长。回放学生参加班级、学校重大活动的录像精彩片段。

3. 欣赏成长。把大家的"我的这一年"成长记录册摆放在班级布置好的展示台上，让大家课后阅览欣赏，互相学习激励。

【课后实践】

课后，学生与家长记录一周里自己的进步，看一看谁的进步最快。

【教学反思】

1. 本活动的主基调是一个"夸"字。歌、舞、画、照片等艺术形式都是为了夸学生的成长与进步，发现每一个学生的闪光点，展示每一个学生的才艺特长。正面激励学生健康、快乐、幸福地成长、生活。

2. 活动设计合情合理，新颖生动。3个主题，9个活动，环环相扣，层层推进，教育过程清晰、巧妙、自然，富有学生情趣，反映时代特点。

3. 活动建议。为了使效果更好，教师要了解学生家长的文化素质与家庭经济状况，没有电脑制作条件的不强求。活动形式可以更开放、更加多元。要突出学生的自主、自愿，尊重学生，保护学生的隐私，不愿意公示的照片和家事的不强求。活动内容、顺序根据学生的准备情况可以适当调整，量力而行。可以邀请部分学生家长参与。

（深圳市育才二小　梁桂珍）

我长大了

【设计理念】

1. 学生是在真实的生活世界中感受、体验、领悟并得到各方面发展的。重视课程与学生生活的联系,让课程变得对学生有意义,这将有利于他们构建真正属于自己的知识,形成内化的道德品质。

2. 品德与生活课应该紧密结合学生的生活实际,尤其是对低年级的学生,更应该注重在活动中,让学生去实践、体验、感受,注重学生情感、态度、价值观的培养。

3. 评价是品德教育的一种辅助方法,具有反馈、导向、激励功能。在教学中,我们要注意采用"多元化评价"策略,对学生的品德发展状况和活动表现以激励为主的综合评价,满足学生的心理需要,激励他们追求新目标的愿望。

【活动目标】

1. 通过多种手段,让学生感受到自己和同伴一年来各方面的成长与变化,从中体会到成长的快乐。

2. 让学生感受到自己的成长和进步,离不开老师、家长、同学及他人的帮助,学会感激他人。

【教学预备活动】

课前准备:

1. 课前,让学生收集有关能说明自己长大了的作品、衣服、照片等物品。向家长了解自己一年来各方面的变化与进步。

2. 学生的成长记录袋、感谢卡,教室周围布置好学生的用品、作品、作业、手印等。

【活动过程】

第一环节:创设情境,揭示课题

1. 体验活动。

师:课前大家搜集了自己以前的东西(衣服、帽子、鞋、奶瓶、手套),现在你们可以去看一看、玩一玩、穿一穿、试一试、比一比,你们发现了什么?

2. 学生活动,并汇报自己的发现。

例如:我的鞋子(帽子)小了,衣服(裤子)短了,奶瓶是我小时候用的现在不用了。

3. 揭题:我长大了。

(设计意图:教学过程是学生参与的过程,应以学生为主体,让学生调动各组的因素去感受、探索。本环节意在通过看、比、试、戴、穿、玩等活动,让学生感受到自己长大了。)

第二环节:感受变化,体会成长快乐。

1. 感受身体上的变化。

CAI课件出示几位学生不同时期的照片,让学生猜猜他们是谁,有什么变化?

2. 对比探究:你的身体发生了哪些变化?(手、脚、牙齿、头发、个子,等等)

3. 画手印,与入学时按的手印进行对比。

4. 学生汇报。

(设计意图:通过实物与数字的对比,使学生对自己身体的变化,有具体的感知。)

第三环节:感受学习上的变化。

教师启发:是啊,我们的身体有了很大的变化,我相信大家在学习上也会有许多变化与收获。

1. 欣赏成长记录袋。请学生打开成长记录袋,自己欣赏,然后在小组内互相欣赏。

2. 汇报收获。其中穿插学生的一些学习上的才艺表演,如展示画,背课文,识字写字,数学购物,英语歌曲表演唱等。

3. 课件展示:学生优秀作品。(学生刚入学与现在写的字对比,识字量的对比,美术画、语文小报、数学日记的对比。)

4. 师:看到你们在学习上的进步,真为你们感到高兴。

(设计意图:欣赏是一种以学生的体验、感受为主要学习方式的活动。成长记录袋中收集了学生一年来各学科的作品,通过自我欣赏、同伴互相欣赏,学生可以自主感受到自己与同伴学习上的进步,同时获得成功的喜悦。)

第四环节:感受习惯、思想等方面的变化

1. 看图贴星。

每个学生手里有一张图,自己会做哪些事情?在哪些地方有进步?就奖励自己一颗星(贴在图下)。

2. 自夸。

说说自己还有哪些进步?

3. 夸同伴。

学生发现周围的同学还有哪些好的表现,也来夸一夸,并且把自己制作的进步卡送给他。

4. 老师、家长夸。

师:你们的进步,同学看到了,老师和家长也看到了,让我们听听他们是怎么说的?

A、学生自己读老师的评价卡。

B、观看家长评价学生的录像。

C、家长现场评价。

(设计意图:恰当的评价,可以激励每个学生的发展。本环节意在通过同伴、教师及家长各个不同角度、不同方面的评价,使学生正确地认识自我、认识同伴。)

第五环节:制作感谢卡,升华主题

1. 师启发:同学们都有了这么大的变化,有了这么多的进步,那我们应该感谢谁呢?(父母、老师、学生、医生、交通警察,等等)

2. 学生说具体的事例。

3. 师：那你想对他们说些什么？或者想为他们做些什么？

4. 学生制作感谢卡。（剪、画、写）

5. 学生展示制作的感谢卡。

6. 学生谈谈这节课的收获。

（设计意图：现在的学生大都是独生子女，他们普遍任性、自私。这一环节意在使学生感受到自己的进步与变化同时，让学生知道有许多人为他们付出了心血与汗水，懂得关爱他人。）

第六环节：小结。

通过这节课的学习活动，教师高兴地看到了学生的成长与进步，很多人为他们的成长付出了辛苦和汗水，教师希望学生们不仅仅通过说，更重要的是用行动来回报他人对自己的关爱与帮助。

【课后实践】

学生继续搜集、整理资料，制作成长记录（可以是书、挂历、报纸等形式）。

【教学反思】

本教学设计根据学生的年龄特点以及教学目标，力求体现活动性的原则，当中包括体验、评价、欣赏等活动，学生在各种活动中能够主动参与、主动探索，并自觉地感受、体验、感悟，从而促进了学生的认知、情感、个性等方面不断地发展。

（深圳市育才三小　王　丹）

二年级生活什么样

【设计理念】

活动性是品德与生活课的基本特征之一。教师的角色定位是活动的启发者、合作者、引导者,这样师生关系才更为民主、平等。学生通过实际参与活动,体验性、探究性学习,成为求知过程的探究者、主动的学习者,体现以人为本的现代教育价值取向。

【活动目标】

通过一系列教学活动的设计,让学生了解二年级的学习生活情况,增强对新生活的信心和向往,感受周围的人对自己的关心和期望。

【教学预备活动】

1. 学生实态:

学生对即将到来的二年级生活还是比较陌生的,通过以前学生参与有关自己成长方面的活动录像、资料、照片等展览,学生欣喜地意识到自己长大了不少,对二年级的生活充满向往,这个时候需要给他们制定明确的目标,使他们获得积极向上的动力。

2. 课前准备:

了解二年级学生的学习及其生活环境,准备一个大纸箱,每一面分别标上二年级学生、各科教师、同班学生、父母的标志。让学生自由组合,分成5组。

【活动过程】

师(导入):同学们,前几天我们参观了二年级哥哥姐姐学习、生活的地方。有很多同学跟老师说想赶快成为二年级学生,那我们要更加努力,使自己变得更能干才行。今天,我们来成立一个班级加油站,让许多关心我们的人为我们加油好吗?

第一环节:哥哥姐姐的建议

师:首先,老师邀请了二年级的5个哥哥姐姐来我们班给大家提建议,帮助同学们制作记录卡,做好之后贴在加油站写有二年级学生标志的位置。现在,每个组可以派代表上来邀请一个哥哥或姐姐到你们组提建议了。

二年级学生加入每个组后,学生拿起早就准备好的彩笔、彩纸、剪刀、胶水忙开了。教师深入到各个小组里观察,了解学生的制作过程,给予必要的帮助和引导。

学生没有想到设计彩纸的形状,只是用一张纸写字。教师提醒:你们的记录卡形状能设计得更好些吗?学生商量之后决定用红色的卡纸剪一个苹果形状做记录卡,非常好看。别的组也纷纷仿效,教师指导他们用不同颜色的纸剪不同的形状。

很快,5个组的记录卡都贴在加油站上了:"祝愿你早日戴上红领巾"、"好好学习,成为学习标兵"等,形状各异,五颜六色,充满童趣。

第二环节:教师的指导

邀请四位教师做客人到教室为全班学生提出具体的希望和建议,每组一位,分别到各组活动,针对不同的学生提出具体的期望。

有的学生比较胆小,数学老师给他提建议:你是个可爱的孩子,希望能大胆发言。

有学生歌唱得很好,音乐老师给她提建议:你的歌声真好听,希望你明年能给全校学生唱一支最好听的歌。

……

学生得到老师的鼓励和建议,情绪更为高涨,兴奋地把自己的记录卡贴在加油站上。

第三环节:学生的鼓励

引导学生在同伴之间开展加油鼓励活动,启发学生针对某一同伴的某一方面提出自己的意见,并用自己喜欢的方式做成纪录卡。为避免有学生被冷落,先让学生一对一找一个手拉手小伙伴,然后才开始互相提意见。对个别找不到小伙伴或者不知如何找小伙伴的学生,教师引导他们如何去找。

有的学生不太明白该提什么建议,教师点拨:在学习、游戏、说话等很多方面对学生有帮助的建议都可以提。

很快,加油站的位置就贴上了每一个学生的鼓励,每一张纪录卡都代表了小伙伴的一片心意,大家自然不会马虎。

第四环节:爸爸妈妈的期望

师:班级加油站还有一个任务需要同学们带回家做,那就是爸爸妈妈对你们的期望,你们能完成好吗?

师:老师给每个小朋友发一张纸片,大家把它带回家,请爸爸妈妈把对你们的期望和鼓励意见写在这张纸上,明天带来,贴在加油站上,我们的班级加油站就大功告成了。

学生领了纸,回家请家长以书面形式对学生某方面的表现提出具体的意见,第二天带回学校,在教师的帮助下贴在加油站上。

【课后实践】

平时教师经常引导学生去看加油站上的内容,督促学生自我约束,不断进步。

【教学反思】

"班级加油站"这一主题教学活动设计通过一系列操作性强的教学活动,生生互动,师生互动。在教师的指引下,学生在课堂实践中自己去直接感受知识,悟出道理,这比枯燥说教效果明显好得多。这也说明了教师和学生偏爱这一门课的原因,启发教师一定要把学习主动权交还给学生。

(深圳市塘朗小学　魏兰芬)

健康、安全要牢记

【设计理念】

教学活动应源于生活并高于生活,超越教材,超越课堂,走向丰富多彩的社会大课堂。依据这一主旨,教师联系学生的生活实际,利用课件、视频、表演等教学手段创设各种生活情境,让学生在情境中得到感受、体验、探究和领悟,进一步了解夏季饮食卫生习惯、预防中暑等方面的基本保健常识,形成健康、安全的暑假生活意识、习惯和技能。

【活动目标】

1. 了解夏季饮食卫生、预防中暑等方面的基本保健常识。
2. 形成良好的夏季饮食卫生习惯。
3. 了解并遵守夏季活动的安全规则。
4. 在活动中懂得不但要保护自己的健康、安全,还要关注和保护他人健康、安全。

【教学预备活动】

1. 学生实态:

此主题活动的主体是一年级小学生,这个年龄段的孩子求新奇,但自制力、自我保护能力较差。据调查,70%的学生是三口之家,80%的孩子会被送回外地过暑假,因此假期中孩子独处的时间较长,再加上这是他们入小学以来的第一个假期,如何引导学生正确认识暑假,怎样过一个健康、安全的暑假是教学的重点和难点。

2. 课前准备:

(1) 学生:搜集有关饮食健康、安全方面的名人名言、俗语。

(2) 教师:自制有关情境课件,搜集有关饮食健康、安全方面的名人名言、俗语。

【活动过程】

师(导入):亲爱的同学们,愉快的暑假生活就要开始了,你们有什么打算呢?

学生畅所欲言。

师:今天我们班来了一位小客人(课件出示一个小男孩)他叫明明,我们一起看看他是怎么过暑假的吧。

活动一 冷饮、水果好吃要注意

目的:结合观看的课件内容与学生生活实际情况,组织有针对性的探究活动,自己交流总结出暑假吃冷饮、水果的注意事项,了解夏季饮食卫生的基本保健常识,以小组为单位制定出夏季饮食卫生公约,形成良好的夏季饮食卫生习惯。

课件情境:小明特别爱吃冷饮和水果,于是他主动对妈妈说要到妈妈的小店去帮忙。小明想这样既做了好事,又可以吃冷饮和西瓜。然后课件出示小明在炎热的夏天狂吃冷饮的情景和在苍蝇乱飞的西瓜摊上吃西瓜的情景。

师:你发现了什么?小明这样吃冷饮和西瓜会出现什么后果?在小组里互相交流。

学生讨论交流。

生:小明这样做是不对了。他这样吃冷饮会肚子痛的,会得胃病的。

生:小明吃苍蝇叮过的西瓜也是不对了。因为苍蝇能传染疾病,人吃了这样的西瓜会得病的。

师:在你的身边有这样的例子吗?小组内互相说一说。

师:那应该怎么做呢?可以引用搜集到的相关的名人名言或俗语。

引导学生了解夏季正确吃冷饮和水果的常识。

生:水果要洗干净才能吃,因为水果皮上有很多农药。

生:我搜集了一句话送给大家:病从口入。

生:腐烂的水果不要吃,坏的饭菜也不能吃。

活动二 学习安全游泳

目的:游泳是小孩子最喜欢的一项体育活动。通过表演、做教练等形式,帮助了解安全游泳的常识,形成安全游泳的意识。

师:小明由于狂吃冷饮和水果,导致肚子痛了,被妈妈送到医院。病好以后,小明准备去游泳锻炼身体。小朋友,你们喜欢游泳吗?能谈谈自己游泳的体验和乐趣吗?

学生自由发言。

师:游泳是一项非常好的体育运动,但是要永远牢记安全第一。你们能告诉小明哪些安全游泳的常识?

生:我来教大家下水前的准备活动。(学生做动作)。

生:我来教大家做一做耳朵进水排出的动作。(学生做动作)。

生:如果看到河边有"禁止游泳"的牌子,你就不要下去了。

……

活动三 预防中暑

目的:通过课件创设情境,角色扮演,让学生在感受、体验中掌握预防中暑的方法、中暑症状、急救方法等常识。

课件情境:小明学会了游泳,他开始约小朋友去踢足球了,小明在炎炎烈日下踢足球、吹风扇。

师:小明这样做会出现什么后果?

生：中暑。

生：感冒。

师：请小组分角色表演中暑的过程、症状和急救方法。

学生以小组为单位进行表演。

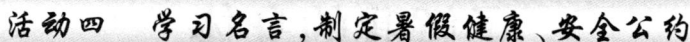

活动四　学习名言，制定暑假健康、安全公约

目的：通过学习名言，制定暑假健康、安全公约，互相交流，深化对主题的理解，加深学生的健康、安全意识，也为课后实践做好铺垫。

1. 学习名言：

师：同学们，今天这节课我们围绕着健康、安全这一主题开展了活动，知道了健康、安全的有关常识，在暑假生活中我们应该注意健康、安全方面的问题，过一个愉快的暑假生活。老师想送大家几句话，你们在老师的名人名言中挑几句你最喜欢的，读一读，记一记，想一想它的意思，说给你的爸爸妈妈听。

教师出示名人名言，学生读记。

2. 师：愉快的暑假生活就要开始了。但是还有很多人不知道应该怎样过一个健康、安全的暑假。课后，让我们以小组为单位来制定一个暑假健康、安全公约送给全校的同学们，好吗？

【课后实践】

学生以小组为单位制定暑假健康、安全公约，教师选择优秀作品张贴在学校公告栏里，并指导学生依据规则公约的内容，在暑假里记录自己帮助别人纠正的错误的做法。

【教学反思】

课堂是学生浮想联翩、精神驰骋和创意生长的沃土，是知识交流、碰撞、丰富、壮大的平台。教师在设计本课教学内容时既依据教材又不拘泥于教材，把课堂教学与课外的学习、生活结合起来，运用课件、表演等的活动形式，营造一个适宜的情境，让学生尽情地说，尽情地问，尽情地想，尽情地演。教师走下讲台，融入其中，穿针引线，及时点拨，引导学生撩开知识的面纱。学生在愉快、主动、活泼的参与讨论中培养了暑假健康、安全的保护意识。教师基本完成了预设的教学目标，达到了较好的教学效果。

（深圳市赤湾小学　康　莉）

二年级上册

了解我的身体

【设计理念】

引导学生认识自己身体的整体结构及其各个组成部分,了解身体各部分的特征和基本功能,用各种方式表现自己的身体特征。进一步发展他们的自我意识,让他们在知道了怎么做的基础上,进一步懂得为什么要这样做,以帮助学生自觉地养成良好的生活习惯。

【活动目标】

1. 认识身体的各部分器官,了解自己身体的基本特征。
2. 学习测量身体,了解自己生长发育的基本状况。
3. 用多种方式表现自己的身体特征,增强自我意识。

【教学预备活动】

课前准备:

1. 布置学生查找人体内各有哪些器官,可以从找书上找,上网下载等,让学生初步了解自己的身体情况。
2. 一个小组画一幅小朋友的身体图。

【活动过程】

第一环节:初步了解人体的器官。

师:你知道身体哪些部位的名称?它们各有什么作用?

生:心脏,向人体各部分输送血液。

肺,呼吸新鲜的空气,不能感染病菌。

肝,有解毒作用。

胃,能消化食物。

(引导学生结合亲身感受,描述自己关于身体各器官的认识和体验。结合学生运动时的感受,谈谈自己对心脏的认识。指导学生在运动之前摸一摸自己的脉搏,运动以后再摸一摸。说一说自己感受到的身体各器官的工作情况,如吃饭一段时间,有胃排空的感觉;饥饿时肠鸣,感觉到肚子叫了。)

第二环节:自己动手画一画,增强趣味。

师:请把各器官写在人体图上。小组合作完成一幅图,参加全班的交流。

学生根据课前的准备和对人体各器官的了解,把知道的有关的人体脏器画下来。

并以小组为单位进行交流,展示。

师:教师把画好的作品,展示于黑板上。

(人体器官对于学生来说是一个抽象概念,通过学生亲自动手画一画,增强学生的参与学习活动的愿望。)

第三环节:量量我的身体。

教师将调查记录以幻灯片的方法展示给学生,内容是对班级个别同学的调查。调查内容:身高、腿长、单臂长、双臂平伸的总长度、脖长、脚长。

学生听教师讲解调查内容。

每一小组发一张身体测量表,测量小组内的其中一人。但在学生测量之前,教师找一组学生上台来示范量一量,并填表。学生动起来了,开始测量。并填表。

(在测量过程中,注意引导学生去发现其中有趣的规律,比如两臂伸开的总长约等于自己的身高等,帮助学生进一步认识自己的身体。)

第四环节:镜像游戏。

教师让学生扮演一面镜子:"当你照镜子时,镜子会映出你的动作"。大家轮流扮演镜子,尽可能准确地做出"照镜子人"的动作。然后,他可以指挥游戏,让其他人复制他的动作。

【课后实践】

学生和家长一起绘制量身高的图,并将它贴在家里的墙上,经常观察自己的身高。

【教学反思】

通过本活动课,学生增强了探究自己身体的兴趣,他们积极地参加活动,在活动中能与他人合作,能利用各种不同的方式表现自己的身体,利用已有的知识经验测量并记录自己的生活情况,还学会了关爱自己的身体。

(深圳市蛇口学校　刘莉敏)

保护耳朵

【设计理念】
　　教学活动必须遵循学生生活的逻辑，从学生自己的世界观出发，让学生用自己的眼睛观察社会，用自己的心灵感受世界，用自己的方式研究生活。本活动设计以学生的现实生活为学习的主要源泉，以密切联系学生生活的主题活动或游戏为载体，以正确的价值观引导学生用心去认识、感悟、体验生活，把积极的道德认识和体验从生活中提炼出来，美化学生们的心灵。

【活动目标】
　　1. 了解耳朵的功能及其对人体所起的重要作用。
　　2. 知道保护耳朵的重要性，并懂得怎样去保护耳朵。
　　3. 养成"减少噪音，从我做起"的良好习惯。

【教学预备活动】
　　1. 教师制作有关课件。
　　2. 学生准备两团能塞住耳朵的棉花。
　　3. 学生查找生活中的静音标志，并把它画下来。

【活动过程】
　　第一环节：游戏体验，初步感受
　　1. 猜一猜
　　师：同学们，请大家闭上眼睛，仔细听一听，猜猜是什么发出的声音呀？
　　（课件播放各种声音的录音：小鸟叽叽喳喳地叫，小猫喵喵地叫，火车行进时发出轰隆轰隆的声音）
　　2. 做一做
　　师：现在请小朋友们睁开眼睛，站起来，让我们一起随着听到的声音，看到的画面一起来做动作。
　　（课件出现配有声音的各种画面：有小朋友随着乐曲在翩翩起舞，有公鸡站在山坡上打鸣，有唱着儿歌的小学生，每个人都充分动了起来，既做动作又学声音，脸上洋溢着愉快的笑容，全身心地投入到课堂活动当中。）
　　3. 想一想
　　师：同学们想一想，刚才那么多动听的声音、好玩的声音、可怕的声音，都是通过耳朵听到的，我们的耳朵就像一台收音机，为我们收入了世间各种各样的声音。是它让我们的生活更加富有生机,让我们的世界变得更加完美。

（孔子说："知之者莫如好之者,好之者莫如乐之者。"课题的引入不是远离学生生活的一些东西,而是源于他们身边或周围的事物,容易令学生产生愉悦的情绪和兴趣。而兴趣是儿童思维的内驱力,它使学生的主体地位真正确立成为可能,使体验、感悟这种心智活动成为可能。本环节设计针对学生的生活经验与年龄特点,精心设计了"听听猜猜"、"听听做做"的课堂小游戏,充分激发了学生的参与意识,调动了学生的主体能动性,使他们主动地进入学习状态。）

保护耳朵

第二环节：换位表演,亲身感受

1. 演一演

师：同学们,如果我们没有了耳朵,再也听不到任何声音了,我们的生活会有些什么变化呢？请同桌的两位同学选择屏幕上出现的场景分角色进行表演,也可以自己设计场景进行表演。

课件出示：

场景1：课室里,教师正在绘声绘色地为同学们讲课。

场景2：电影院里,正在上映孩子们喜爱的木偶剧。

场景3：草地上,一个小男孩正躺着闭目养神,突然,旁边爬出一条蛇。

学生们用棉花团把自己的耳朵塞住自主地进行分角色表演,气氛十分活跃。

2. 谈一谈

师：刚才同学们表演得都非常投入,老师想来采访一下,没有了耳朵,你们遇到了些什么困难？有些什么感受呢？

生：没有耳朵,就听不到老师讲课了,也不能好好学习了。

生：没有耳朵,就听不到好听的音乐了。

生：没有耳朵,一点声音都听不到,太可怕了。

生：没有耳朵,在发生危险的时候都听不到别人的提醒,会有生命危险。

生：没有耳朵的人太不方便了,我们要多多帮助他们

……

学生畅谈自己在表演中的感受,深切体会到了耳朵对我们的重要性。

（此环节有目的地创设某种生活场景,让学生经历仿真性的演习活动。学生在亲历和参与的活动的过程中获得了真实的感受与切身的体验,使其认识得以提升,情感得以升华。）

第三环节：结合生活,行为指导

1. 说一说

师：哎呀,看来没有耳朵还可真不行,同学们,在你们的日常行为中,有哪些行为是很容易伤害耳朵的？

学生们各抒己见：自己乱挖耳朵、经常出入噪音很大的地方……

教师出示相应的课件。

2. 辨一辨

教师用课件出示几幅图,让学生辨别行为的正误

3. 议一议

师：同学们，耳朵与我们的生活息息相关，我们怎样才能更好地保护它呢？请大家先在小组中讨论一下，然后选一名同学把你们的好方法说给大家听。

小组讨论后全班交流。

（品德教育要密切联系学生生活实际，让学生在生活体验中明确自身错误行为的危害，了解正确的做法，提高认识，形成正确的见解，进而内化成良好的品德行为，并得到持续和稳定的发展。）

第四环节：拓展交流，内化延伸

1. 展一展

师：老师这儿有几个标志，课前布置同学们在爸爸妈妈的帮助下找一找，它们一般在什么地方使用，你们找到了吗？

课件出示几种静音标志，学生交流课前所收集资料。

师：你们还找到了其他类似的标志吗？学生展示课前收集画好的各种静音标志。

（在成人的指导下，通过图书、报纸、电视、网络等途径搜集资料是学生自主学习的主要方式之一。在此活动中，学生既锻炼了能力，培养了兴趣，又受到了深刻的教育。）

2. 写一写

师：是呀，为了更好地保护我们的耳朵，为了让我们的耳朵听到更多纯净美妙的声音，拥有更美好的生活，让我们发起倡议：减少噪音，从我做起。

学生写倡议书。

（此环节以写倡议书的形式，与现实生活紧密联系，让学生的感情得以升华，行为得以内化）

【课后实践】

1. 了解失聪儿童的生活，想办法解决他们生活中的一些小困难。
2. 在社区内发起"减少噪音，从我做起"的活动。

【教学反思】

本活动设计紧密联系学生的生活实际，课堂游戏导入、教学活动中的换位表演、行为指导、书写倡议，还有课后实践的安排，教师都紧密联系学生的生活，引导学生从自己的生活出发，反思自己的不良习惯，拉近了教育与生活的距离。教师通过开展一系列如"猜一猜"、"演一演"、"展一展"等既有趣又有意义的活动，让学生在活动中进行探究，得到体验，并从中培养了他们情感交流能力、养成良好的行为习惯。活动设计做到了以生活促教学实效，以活动促学生自主发展。

（深圳市南头城小学　柯　芹）

保护眼睛

【设计理念】

　　本活动是与学生息息相关的保护眼睛的教学内容,所以教师根据学生的年龄特点,先让患近视的学生谈切身体会,再运用实验让学生知道看书写字姿势规范的重要性,接着通过鼓励学生将讨论如何保护眼睛的结果整理出来,制定保护眼睛公约,让学生为自己建立有效的自我监督方法,用家长联系卡、评价表的方式督促学生,让学生逐步形成良好的生活习惯,保护眼睛,更健康的成长。

【活动目标】

　　1. 了解眼睛的功能,知道眼睛的基本特点,增强保护眼睛的意识。

　　2. 掌握眼睛的卫生保健基本方法和道理。

　　3. 纠正不良习惯,逐步养成良好的个人保健和卫生习惯。

【教学预备活动】

　　1. 学生:准备有笔帽的笔。

　　2. 教师:(1)一块小黑板,画上不同背景下的两条等长线段的长度和圆点。

　　　　　　(2)录像《斜视的形成》。

　　　　　　(3)一张画有背景图案的纸张、彩色笔。

【活动过程】

　　第一环节:小眼镜找朋友

　　操作:

　　1. 让学生了解造成近视的原因。

　　师问:最近老师发现有好些同学与小眼镜做了朋友,老师想请这几位同学来说说小眼镜为什么要找你们交朋友?你们喜不喜欢和小眼镜做朋友呢?

　　学生自由谈论自己的体会。

　　师(总结):原来这几位同学由于平时看书写字姿势不规范,不懂保护自己的眼睛,所以才会和小眼镜做朋友的。

　　2. 做小实验让学生明白看书写字姿势规范的重要性。

　　师:现在,我们来做个小实验:你试着把书放在离眼睛30～35厘米处,并看清文字,再把书移至眼睛10厘米处,并看清书上的文字,体会一下眼睛的感觉。

学生自由做实验,各自体会感觉。接着教师让学生谈谈所体会的感觉。教师再让学生做出正确的看书写字姿势,并说说感受,让学生从活动中加深对保护眼睛的认识和理解。

3. 播放录像,引导学生不能嘲笑眼睛有缺陷的同学。

学生看完录像后,教师总结。

师:我们已了解斜视的形成,也知道患了斜视的同学在日常生活中有许多的不便,所以,我们应该积极地去帮助他们,千万不能嘲笑斜视的同学。

4. 学生动手做眼保健操,讨论应该如何保护好眼睛。

教师讲清要领,再让学生动手做眼睛保健操。

师问:除了正确做好眼睛保健操外,你们还知道哪些保护眼睛的办法吗?大家可以在小组内说一说,会画画的同学还可以画出好办法。

学生分组讨论后派代表汇报讨论的情况。教师在学生汇报完后,可鼓励学生将讨论的结果整理出来,制定《保护眼睛公约》。

教师可以稍微润色。(将课前准备的纸张贴于黑板,当场将学生整理出来的结果写上。)

例:我们要一双明亮的眼睛

师总结:同学们,你们平时要注意遵照执行自己制定的公约,互相监督,保护好自己的眼睛。

第二环节:会开玩笑的眼睛

这一活动环节通过鼓励学生做关于视觉误差的小实验,引导学生发现我们的眼睛还有很多奇妙的地方。

操作:

1. 教师鼓励学生闭上一只眼睛插笔帽,看看结果如何。

师:有时候,眼睛还真会和我们开玩笑呢!不信,我们再做个小实验。教师出示小黑板,画有不同背景下的两条等长长度的线段和圆点。

2. 师问:看看黑板上的两根黑线一样长吗?两个红色的圆点一样大吗?看一看,再量一量。

3. 同桌间讨论并动手量一量。

4. 教师(总结):通过以上两个小实验,我们发现眼睛也会产生误差,两只眼睛需要协同工作。其实,我们的眼睛还有很多奇妙的地方,你们以后在日常生活中多留意并把发现的有趣的现象记录下来。

师:学完这一篇课文后,老师希望你们在日常生活中能养成良好的行为习惯,注意用眼卫生,保护好自己的眼睛,让自己更健康地成长。

【课后延伸】

通过家长联系卡和评价表来引导家长正面监督学生,使之逐步养成良好的生活习惯。

附:

学习评价表

得分 内容	自评	家长评
看书、写字姿势规范、正确		
做眼睛保健操规范、到位		
不在微弱光线下看书、写字		
不在马路上、晃动的车厢里看书		
连续看书、看电视时间不超过半小时		
定期检查视力		

【教学反思】

　　由于学生年龄小、好动,教师就让学生在课堂上动手做实验、做眼保健操,从而使学生加深记忆和理解。此外,通过制定保护眼睛公约,有利于学生在日常生活中互相监督,约束自己,养成良好的行为习惯。制做家长联系卡、评价表也便于家长督促学生。

(深圳市南头城小学　黄晓兰)

粮食来得真不容易

【设计理念】

学生品德的形成源于他们对生活的体验、认识和感悟,只有源于学生实际生活的教学活动才能引发他们内心的而非表面的道德情感、真实的而非虚假的道德体验和道德认知。本教学活动设计以学生的现实生活为教学内容的主要源泉,以密切联系学生生活的活动或游戏为载体,以正确的价值观引导学生在生活中发展,在发展中生活。

【活动目标】

1. 通过交流、介绍生活中所搜集的粮食作物的商标和包装袋,知道粮食与人民的生活有着密切的关系,懂得粮食的用处很大。

2. 通过吟诵古诗、观看图片、种植游戏,让学生在活动中体验、认识、感悟,知道粮食来得真不容易。

3. 创设情境,讨论辨析,联系生活实际,引导学生明确粮食应当爱惜不浪费的道理,培养学生爱粮节粮的好习惯。

【教学预备活动】

1. 学生实态:

学生年龄小,又生活在特区,一般没有直接参加过农业生产劳动,有的甚至连庄稼也没见过。他们对于粮食与生产粮食的劳动是联系不起来的,对劳动的辛苦缺乏切身的体会,对劳动产品的获得没有直观的体验和认识,认为粮食就是父母用钱买来的,吃完了再去买就是了,没有爱惜粮食的意识,生活中常有浪费粮食的现象。

2. 课前准备:

学生搜集生活中粮食作物和粮食制品的商标和包装袋,到商店了解粮食的种类,知道粮食作物的名称;教师制作粮食种植过程的课件,拍摄生活中一些浪费粮食现象。

【活动过程】

活动一:交流、介绍课前所搜集的粮食作物和粮食制品的商标和包装袋,知道粮食与人民的生活有着密切的关系,懂得粮食的用处很大。

师:小朋友喜欢猜谜语吗?我们先来猜个谜语,看哪个小朋友最聪明。——一样宝物真神奇,人们生活不能离;一日三餐它为主,吃了使你长身体。

生:是粮食。

师:真聪明。你们能说出哪些粮食作物的名称呢?

生:大米、小麦、高粱、玉米、大豆、小米、青稞……

师：同学们课前已经搜集了很多粮食制品的商标和包装袋，现在就请大家找到自己的学习伙伴，分组交流：搜集的是什么粮食制品的包装袋，这种食品是用什么粮食做成的。

学生分组交流，教师参与其中，听取学生的介绍。

师：老师刚才参与了同学们的交流，发现有几个同学搜集的商标和包装袋特别有意思，也有一定的代表性，请他们为我们大家介绍介绍。

生：我搜集的是食醋的商标，食醋是用糯米、麦麸制成的。

生：我搜集的是酱油的商标，它是用黄豆和小麦粉制成的。

生：我搜集的是味精的包装袋，它的主要成分是谷氨酸钠，是从粮食里提炼出来的。

生：我搜集的是啤酒的商标，啤酒是用麦芽酿造出来的。

生：这是我爱吃的旺旺饼干的包装袋，这种饼干是用大米做成的。

学生介绍完后，将所搜集的材料展示在黑板上。

师：看来，粮食是宝中宝，我们每天的生活都离不开它，粮食的作用可真大呀！

（品德与生活课的教学要面向学生的整个生活世界，教学中不要仅仅局限于教材，而应该把课堂内容扩展到所有对学生有意义、有兴趣的题材，关注学生的体验和个性化的创意与表现。在这个环节的活动设计中，教师让学生把自己搜集到的材料在小组内进行交流，认一认食品标识，读一读食品配料名称，讲一讲食品的来历。然后教师适时点拨，让学生体会到粮食与我们的生活关系密切，作用很大。在交流与讨论的过程中，学生收集信息、采集信息、利用信息的能力得到了提高，与人合作、交往的能力也得到了锻炼。由于所有的材料都来源于学生自己的搜集，学生也表现出浓厚的学习兴趣，为教学活动的向前推进打下了良好的基础。）

活动二：营造意境，诵读古诗，对生产粮食的劳动有初步的认识。

师：粮食的作用这么大，你们知道粮食是怎么来的吗？今天老师就请你们欣赏一段动画，请大家认真看，然后说一说看懂了什么？（播放古诗《悯农》的动画视频）

生：农民伯伯每天很早就出门劳动，很晚才回来。

生：我看见在农民伯伯劳动的时候，太阳光很强烈，农民伯伯满头大汗，汗水都流到地里去了。

生：我看见禾苗在农民的汗水中一天天地长高了。

生：我觉得农民伯伯种地真辛苦。

生：我知道了一粒粮食一滴汗的意思。

师：看来，同学们是真的看懂了。现在我们把自己的感受朗读出来，好吗？

学生饱含感情地吟诵古诗。

师（播放粮食种植过程的课件）：粮食来得可真不容易，从播种到收获，要经过插秧、施肥、治虫、灌溉、收割、脱粒等工序，每一粒粮食都是农民伯伯辛勤劳动得来的。

（"粮食来之不易"这一道理，如果仅仅通过教师照本宣科的讲述，学生是难以接受的。或者勉强接受了，也无法内化为自觉自愿的道德意识。这就要求教师根据学生的年龄特点和教学内容，利用多种形式，创设丰富的教学情境，运用语言的情感色彩，增强感染力，引起学生内心深处情感的共鸣。古诗的意境营造，为学生道德观点的掌握奠定了情感基础。）

活动三：玩"种豆豆"游戏，让学生在活动中体验、认识、感悟，感受劳动的辛苦，知道粮食来得真不容易。

师：我们来玩个游戏——"种豆豆、收豆豆"。（出示实物,在地面上画好的圈中练习。）一次只能种一颗豆豆,在种的过程中,如果豆豆滚出了圈外,就要重新补种一颗,种完以后再一颗一颗地收回来,看谁是我们班上的种豆能手。

（请三位同学上台玩游戏,其他同学负责监督评判。游戏结束后请选手谈感受。）

生：这样弯着腰种豆豆真辛苦啊。

生：我觉得腰很酸,胳膊很疼,满头大汗。

生：农民伯伯种地的时候脚踩着泥水,头顶着太阳,可比我们辛苦多了。

师：让我们再来读一读古诗吧,看看你又有了什么新的感受？

（教学游戏是在课堂中所采用的带有"玩"的色彩而又与学习内容配合的活动方式。学生通过"种豆豆、收豆豆"的游戏,对农民伯伯劳动的辛苦有了切身的体会,此时进行"粮食要爱惜"教育也就水到渠成了。游戏是儿童有效的学习方式,对涵养儿童的情感,让儿童体验集体生活的乐趣,理解规则、学习知识等是很有用的。）

活动四：创设情境,联系学生的生活实际以及生活中的具体事例展开讨论,引导学生明白粮食应当爱惜不浪费的道理,培养学生爱粮节粮的好习惯。

情境1：粮食丰收了,从运粮车上掉下来一根玉米。小刚看见了,对小明说："咱俩把这根玉米棒捡起来吧,浪费了,多可惜呀！"小明说："我才不捡呢,丰收了,这点算什么？"——小刚和小明谁说得对？为什么？

情境2：春游时,有几个同学带去的食品吃不完了。小军扔进垃圾桶,小红送给同学吃,小丽带回家给爸妈吃,小勇留着明天吃。——如何处理,发表看法。

情境3：朋友聚会在酒楼吃饭,爸爸把吃不完的菜打包带回家,有人取笑他,有人说不卫生。——你见到过这种情况吗？你是如何看待这件事的？

情境4：播放教师拍摄的生活中浪费粮食现象的录像。——你想对他们说什么？

（有道是"问渠哪得清如许,为有源头活水来",生活是品德教学赖以发展的源泉,教学中要注重从远处着眼,近处着手,大处着眼,小处着手,不失时机地结合学生的思想实际、生活实际和环境实际,加强行为引导和训练,抓住学生的"最近发展区",晓其理,促其思、激其情、导其行,使学生在实践中提高自己的道德水平。在轻松、自然的学习氛围中,学生主动去探究、体验、感悟,给学生创造思考辨析的机会,最大限度地发挥学生的主体作用。）

【课后实践】

教师给学生发反馈表：检查自己一周内在爱惜粮食方面的表现,做得好的画勾,做得不够的画叉,一周内反馈。

【教学反思】

品德与生活课程的教学是在情、境、理的交融中进行的。在这个教学活动设计中,教师充分发扬民主教学,创造出和谐的课堂氛围。教师注重学生的亲身体验,提高学生的参与意识,让学生对形成的道德认识产生心理上的认同,进而点燃了学生正确的人生观的火花。

（深圳市海湾小学 谢 萍）

我们这里的农产品

【设计理念】
1. "感受新奇—动手、动脑—认识事物"是小学生感知、认识事物的一种最积极的过程。所以教学活动最重要的一点便是让学生积极地动起来,从活动中汲取营养。
2. 教学活动强调让家长参与孩子的活动中,让学生在与家长的合作过程中逐渐学会协调与他人的关系。
3. 调查、说话、写话,绘画等活动形式,达到多学科知识的整合。

【活动目标】
1. 农产品的名称,特点及品种。
2. 农产品与人们生活的密切关系。
3. 对家乡特产的认识与调查,培养学生热爱家乡的思想感情。

【活动过程】
第一环节:制订调查表
1. 认识农产品(从常见的到罕见的),说一说它们的名称、产地、价格等。
2. 引导学生设计调查表(调查的种类应多一些,包括蔬菜、水果、粮食等)。
3. 根据自己的兴趣先确定调查对象。

第二环节:调查农产品
1. 在家长的带领下进行调查。这是一次儿童与成人之间的合作,既避免了学生在调查过程中的盲目性,也培养了他们与大人之间的合作协调能力。
2. 与同学合作整理调查结果,总结出当地常见的农产品(粮食、水果、蔬菜等)的价格,产地等。
(家长与学生合作,既培养了学生的合作能力,也弥补了他们调查的不足之处。)
3. 学生在家长的引导下查资料,了解各种农产品的用途,并做记录。

第三环节:调查报告会
1. 学生介绍自己的调查过程、调查结果以及查阅资料的结果。学生先在小组内汇报,再推荐代表向全班汇报。
2. 植物用途知多少知识小问答:
(1) 花生有哪些用途?
(2) 菊花不仅可以供观赏,还有哪些用途?

第四环节:调查认识荔枝

1. 调查、了解荔枝的品种、价格以及销路。
2. 将"资料搜集"结合"亲临果园",了解荔枝的生长过程及种植管理情况。
3. 搜集有关荔枝的诗文。
4. 搜集以荔枝命名的事物。
5. 搜集、调查、了解成果汇报。

(荔枝是深圳最主要的农产品,在人们的生活环境中,到处可接触到荔枝,所以在这一环节的活动过程中,学生们表现出了极大的兴趣。在汇报调查、了解荔枝的价格及销路时,当有学生谈到"一公斤荔枝在国内市场的价格在5元左右,而到了欧洲是10欧元,美国是8美元,日本是5美元。2000年以前,深圳产的2万吨荔枝出口国外的几乎为零,仅有少量的供给香港"时,学生们一下沸腾了,七嘴八舌地为深圳荔枝的销路出谋划策。这一过程,不仅使学生的脑子动了起来,还使他们热爱家乡的感情油然而生。在汇报搜集到的有关荔枝的诗文时,学生们的脸上洋溢着兴奋和骄傲,充满激情地朗诵着:"露湿胭脂点眼明,红袍千颗画难成";"南州六月荔枝丹,万颗累累簇更团";"绛雪艳浮红锦烂,玉壶光莹水晶寒";"一骑红尘妃子笑,无人知是荔枝来";"乡路音信断,山城日月迟。欲知州近远,阶前摘荔枝"。他们尽情地抒发着热爱家乡的感情。)

第五环节:农产品创意大赛
1. 用蔬菜、水果制作成各种造型。
2. 计划举办农产品的画展。
3. 用学生作品布置教室或学生自己的房间,美化生活。

【课后实践】
1. 让学生在课后动手种葱或大蒜,每天记录和观察劳动情况和葱的生长情况。
2. 到果园认种一棵荔枝,与果农一起种植管理它。

【教学反思】
所有学生都能积极地参与本次学习活动。他们最大的收获是认识到了各种农产品和自己的生活是息息相关的,认识到了农产品来之不易,大家纷纷表示今后会爱惜粮食。这让教师认识到,把对学生的品德教育融入到生活实践中是高质量教学最有效的手段之一。

(深圳市西丽小学　王昌炼)

诚实故事会

【设计理念】

"活动"是本教学设计的主要形式,教师通过操作性很强的活动,调动学生的学习兴趣,让学生在体验、感受、讨论、观察中明白故事中蕴含的道理。教师从学生的学习出发,引导他们自主地开展活动,使他们认识到诚实的好处和说谎的危害,逐步养成正确的态度与行为方式,发展分辨是非的能力。

【活动目标】

《品德与生活课程标准》明确指出儿童"成为有爱心,有责任心","能初步分辨是非,不说谎话,做诚实的孩子"。通过这次故事会,一是让学生收集、讲述诚实的故事,领悟诚实的道理;二是使学生分辨是非,懂得说谎害处大的道理;三是培养学生的表达能力、合作表现能力。

【活动准备】

1. 通过多种形式收集古今中外有关诚实的故事,寻找身边诚实的故事。

2. 《狼来了》、《空花盆》的故事录音或动画。

【活动过程】

第一环节:懂概念、明意义

师:"千教万教教人求真,千学万学学做真人。"同学们知道"诚实"是什么意思吗?

生:诚实就是不说谎话。

生:在这里诚实可以理解为诚实守信。

生:诚实和诚实守信是不一样的,诚实就是说到做到。

师:诚实守信是社会生活的一个基本规则,是每一个公民的基本道德。"诚实"和"守信"两者意思相同,诚实是守信的基础,守信是诚实的具体表现,不诚实的很难做到守信,不守信也很难说是真正的诚实。

(诚实是一个非常抽象的概念,古今中外有关诚实的故事、寓言虽然不少,但对学生来说,这些都是别人的事,如果仅仅是就事论事,就会变成空洞的大道理,不能真正起到触及学生心灵的作用。首先让学生懂得诚实的含义,使学生明白诚实做人的意义。)

第二环节:听故事、想道理

1. 听录音讲故事《狼来了》,师问:为什么这位小朋友要骗大家说"狼来了"?为什么后来真的狼来了反而没有人相信他了呢?

2. 观看动画故事《空花盆》,思考:国王为什么偏偏喜欢这位捧空花盆的孩子?如果你是这位小朋友,你希望自己的花盆里长出花吗?长不出花的时候你会怎样做?

让学生知道每个人都希望得到自己想要的东西,但在诱惑面前能够讲实话才是最难的。

3. 请一个同学讲故事《皮诺曹》,思考:皮诺曹的鼻子真的会变长吗?假如你说了谎,你最担心的是什么?

4. 认为说谎最大的害处是什么?说真话最大的好处是什么?

(引导学生从多角度、多方面讲述诚实的故事:有做错事后勇于承认错误的故事;有说话算话,做人要诚信的故事;有不诚实最后受到惩罚的故事。通过各类故事蕴含的寓意让学生了解什么是诚实的行为,同时从更深的层面帮助学生剖析、理解故事,并从中获得一些真正的感悟。)

第三环节:编故事、悟道理

1. 学生在小组里讲述自己收集的诚实的故事。
2. 教师选派故事员,在全班讲诚实的故事。
3. 学生续编故事:《皮皮的遭遇》。

师:有一个小朋友叫皮皮,人挺聪明的,就是喜欢犯点小错误。这不,今天上学又迟到了。明明是自己起得晚了,可他装出焦急的样子说:"对不起,今天爸爸送我来的时候路上堵车了。"老师说:"噢,下次叫爸爸早点出门。"看到自己蒙混过关,皮皮暗暗高兴。上课的时候,老师布置大家做课堂作业,有一道题皮皮怎么也想不出来,刚想问老师,却看到同桌的本子摊在面前,皮皮高兴地把同桌的答案抄到了自己的本子上,结果得了满分,皮皮真高兴。下午放学时老师布置家庭作业,要叫大家背书,皮皮最讨厌了,干脆就不抄这道题了吧。回到家,妈妈问:"有没有作业?赶紧做完作业再出去玩。"因为没有记,背书自然也就不会被妈妈提起,皮皮认为真好。

师启发:皮皮为什么高兴?接下来会发生什么事?请你们根据这样的故事情节续编下去。

教师组织学生讨论故事的结局,让学生明白不诚实的言行最终会受到惩罚的道理。

(因为在许多时候说谎或不诚实可以使得自己逃脱责任或免于处罚,所以教师尽管一再教育,不诚实的事情仍然会在学生中产生。在这一活动环节中,教师将主题目标与学生的生活体验紧密结合,从学生的生活经验入手,进行具体、客观的引导,使学生明白不诚实可能会带来的种种危害。)

第四环节:演故事、增体验

1. 学生按兴趣分组,选听到的或收集的故事,组内改编,分派角色,制作道具。
2. 全班表演汇报。
3. 学生评价活动情况。
4. 学生畅谈自己的感受。

(鼓励学生用各种表现方式再现故事情节,关注学生的情感体验,帮助学生真正明白诚实的道理。)

第五环节:导行为升情感。

1. 学生总结自己对诚实和说谎行为的认识。
2. 讨论:在日常生活中如何做到诚实?

3. 师：诚实守信是我们中华民族十分崇尚的美德。诚实守信乃人格魅力的根本。现在我们全校也在进行诚信班级的评比活动，希望每个同学从自我做起，从身边的小事做起，让"诚信班级"的承诺牌在二(3)班闪闪发光！

（诚实教育是一个受多种因素制约的长期过程，只依赖一次活动是远远不够的，更不能重形式、走过场，而是要落实到以后的每日生活中，使之具有持续的价值。结合班级诚信活动的评比，让学生在日常生活中真正做到诚实。）

【课后延伸】

1. 召开"诚实之星"表彰会。
2. 开办"诚实俱乐部"，只有诚实的人才可以参加。
3. 制定"说真话做实事"行动计划。

【教学反思】

教师在教学中从学生的生活体验入手，进行具体、客观的引导，使学生明白不诚实可能会带来的种种危害。教师在讲述与表演中，鼓励学生用各种表现方式再现故事情节，关注学生的情感体验，帮助学生真正明白诚实的道理。整个活动体现了合作性、自主性、开放性，学生能在真实的生活世界中感受、体验、领悟并得到各方面的发展。

（深圳市南山外国语学校　杨宜玲）

夸夸诚实的孩子

【设计理念】

品德与生活课这门课程要求教师对学生的品德教育应以生活为本,以学生为本。因此,本课针对学生在现实生活中容易出现撒谎、不敢承认错误的现象,精心设计了系列实践活动,使学生在活动体验过程中,从产生"要做诚实的好孩子"的愿望。

【活动目标】

1. 能与家长、教师沟通,清楚、准确地表达自己的想法,明白做人诚实才快乐的道理。

2. 通过听家长谈话、玩诚实游戏棋、做诚实行为卡及编诚实拍手歌的活动,使学生认识到在生活中要敢于承认错误,不撒谎骗人。

3. 让学生学会用诚实行为解决生活中的问题。

【教学预备活动】

1. 学生实态:

经常有家长找老师倾诉说,自己的孩子在家里做了错事不承认,还狡辩;上学迟到了不敢说是起晚了,找借口;拿了同学的文具不认账……

2. 课前准备:

邀请家长,做8副飞行棋,准备歌曲,设计有关卡片。

【活动过程】

活动一　邀请家长齐参与,让学生在生活中看诚实

一曲熟悉的《好孩子要诚实》,激起了学生们的兴趣,他们在歌声中融入了主题"诚实的孩子人人夸"的特设氛围。

1. 妈妈眼里的诚实孩子

课前教师特意针对性地邀请班上一些品德好和一些平时有不良行为习惯的学生的家长,分别谈谈自己的孩子在家里的一些诚实或不诚实的行为给家长带来的切身感受。学生们新奇地听着家长的发言,在不知不觉中反省自己平日的行为。

2. 身边的诚实故事

听了家长对自己行为的评价,学生们初步认识到在日常生活中,怎样做才能跟别人友好交往。学生的身边也存在着很多诚实的故事呢。他们纷纷辨析小伙伴、父母、身边

人的行为。

活动二　制做诚实行为卡，让学生在自律中悟诚实

了解了诚实行为能给自己的生活创造快乐，学生们都想成为一个诚实的孩子。为了保证自己能做到，"诚实行为卡"成为学生的见证。他们主动填上："自己的作业自己完成，""考试不作弊，""不乱拿同学的文具"……

活动三　创编诚实拍手歌，让学生在欢悦中赞诚实

想到自己也能成为一个诚实的孩子，学生们心里真高兴，就合作编一首《诚实拍手歌》："你拍一，我拍一，诚实其实很容易。你拍二，我拍二，推倒别人要道歉。你拍三，我拍三，知错就改很简单。你拍四，我拍四，细心考试不作弊。你拍五，我拍五，不懂装懂很辛苦。你拍六，我拍六，从小说话要算数。你拍七，我拍七，说话做事要老实。你拍八，我拍八，诚实孩子人人夸。你拍九，我拍九，真心实意交朋友。你拍十，我拍十，诚实美德记心里。"

活动四　创新诚实游戏棋，让学生在实践中讲诚实

学生们是否能在现实生活中自觉做到诚实呢？通过改编喜欢的飞行棋游戏规则，他们都做到了遵守信用，能按新规则玩棋："1代表：不小心打烂了茶杯，主动向妈妈认错。进二步。2代表：拿了同学的故事书，不承认。退二步。3代表：考试不及格，偷改试卷上的分数。退三步。4代表：上学迟到了，主动向老师说明原因。进三步。5代表：不找借口向家长要钱买玩具。进二步。6代表：弄坏了同学的文具，主动提出赔偿。进四步。"

【课后实践】

全班设计一张诚实行为评价表，每周经过自己、父母、同学、教师的共同打分，评出班级"诚实之星"，让孩子自豪地体验"诚实的孩子人人夸"。

【教学反思】

本活动从儿童的生活体验入手，设计贴近儿童生活的系列学习活动，教师以情感体验参与为线索，引导学生通过自己感兴趣的活动，多元体验做人要诚实的情感，达到学习方式的个性化整合，让每个学生都得到发展，让诚实的好品德由心灵自然生成。但诚实这种品德不是短期内就能够养成的。

夸夸诚实的孩子

（深圳市向南小学　邓穗玲）

诚实的孩子人人夸

【设计理念】

如今,有的小学生爱撒谎,说起谎来脸不红心不跳,令父母和老师都很头疼。因此,本教学活动引导学生说实话,做诚实的孩子,让学生初步认识到诚实的好处和说谎的危害,逐步养成正确的态度与行为方式,发展他们分辨是非的能力。

【活动目标】

1. 讲述自己的诚实故事,体验与教师、家长、同伴真诚沟通的快乐。
2. 敢于承认错误,不说谎话。
3. 学会用诚实行为解决生活中的问题。

【教学预备活动】

1. 学生实态:

本班学生总体来说具有良好的自我管理能力,思维灵活,但调皮、爱撒谎的男同学居多。在生活中,学生做了错事在家骗父母,在校骗老师的事例时有发生,因此这个主题对学生来说是熟悉的。只要通过正确引导,学生完全可以通过学习活动,对自己的思想进行洗礼,提高他们辨别是非的能力。

2. 课前准备:

(1) 学生:

　A. 准备一个发生在自己身边的诚实故事。

　B. 学生编排有关情境剧。

　C. 预习本主题的内容。

(2) 教师:

　A. 教师认真阅读教学参考书及有关资料,明确教学目标,确定教学内容,设计恰当的活动方式。

　B. 指导学生事先排练好有关情境剧。

　C. 多媒体电化教学课件及有关卡片。

　D. 课前搜集学生诚实的故事,以利于教师有效地、有针对性地予以指导。

　E. 设计 10 道诚实小测验。

【活动过程】

活动一 "实话实说"

目标：学生讲述发生在自己身边的诚实的故事,通过学生身边的生活的榜样的行为来感染学生,启发学生,正面引导学生向他们学习。

过程：

1. 引言揭题

师：同学们,上节课我们班开了一个诚实故事会。故事讲的都是发生在别人身上的诚实故事。今天,我们来讲讲自己的诚实故事,好不好?不知道同学们有没有看过中央电视台的《实话实说》这个节目。我们今天就来模拟这个节目,也来个实话实说。(贴卡片:实话实说)老师来当主持人,从同学中挑选四位同学来当嘉宾,这四位嘉宾讲讲发生在自己身上的诚实的故事,剩下的同学来当观众,好不好?

2. 邀请四位学生参加入座,教师现场模拟《实话实说》中的节目主持人。

3. 四位学生分别讲述自己的诚实的故事,教师即兴补充,现场采访。

4. 让学生回到座位,感谢四位嘉宾的参与。

5. 邀请台下的学生讲述自己诚实的故事。教师及时给予鼓励、表扬。

6. 教师小结。

活动二 三个情境小表演

目标：通过课本第23页中的三幅情境故事,让学生明白内容。创编情景剧,让学生知道做一个诚实的孩子人人夸,诚实是美德,从小养成诚实的好习惯。

过程：

1. 引导全班学生明白本页中的三幅连环画,小组讨论,互相交流。

2. 教师出示课件(第一幅情景剧),请两生配合表演以作示范。

3. 学生学习活动。

（1）师：刚才同学们看了第一幅情景图,剩下两幅图请同学们自己在小组内讨论编排,等会儿就请同学们上台来表演这两个故事。

（2）学生小组讨论编排,教师巡视指导。

（3）学生表演。

（4）出示课件：图中的爸爸、老师、值勤叔叔为什么要表扬他们呢?

（5）学生自由回答。

4. 教师小结：诚实的孩子人人夸(板书),趁势播放课件：诚实是美德,让我们从小就养成诚实的好习惯。

活动三 当当小裁判

目标：通过课本24页中的两个情境故事,出现的四种不同的行为表现,让学生来

判断谁做得对,谁做得不对。以此来提高学生的辨别是非能力。

过程:

1. 出示课件:学生观看课件。(24页中的情境故事)
2. 出示问题:你们觉得哪个小朋友做得对?为什么?
3. 学生自由回答,相机实物投影图片。
4. 教师小结。

活动四 评"诚实之星"

目标:教师设计了10道诚实小测验,让学生测测自己是否诚实,评评"诚实之星",以此来让学生不把诚实落实在口头上,而是落实到具体的实际行动上。

过程:

1. 教师简介活动规则,给每生发一张测验卷,一张纸条,十颗星。
2. 学生自测,自己发星贴在纸条上。
3. 教师放音乐《好孩子要诚实》,巡视指导。
4. 教师(现场采访):有八颗以上星星的同学请举手,平时是这样做的吗?有五颗星以下的同学请举手。
5. 教师小结。

师:其实,老师今天也要表扬得星少的同学,为什么呢?我认为他们今天如实地填写了这份答卷,就是诚实的表现,能够认识到自己的缺点,也是好孩子。现在我宣布得五颗星以下的同学,由老师再奖给你们三颗星。你们也是"诚实之星"。并且希望我们全班同学都能把诚实落实到行动上,不再撒谎,做一个真正的诚实的好孩子!

【课后实践】

学完这一单元之后,教师安排学生每做一件诚实的事都给自己画一朵花,一周计算评比,看谁得的花多。

【资料链接】 诚实小测验:

你是个诚实的孩子吗?

1. 当你因为起晚了而迟到时,你会如实告诉老师吗?
   A:会　　　　B.不会　　　　C.根据老师的态度
2. 因为贪玩而未做作业时,你会如实告诉老师吗?
   A:会　　　　B.不会　　　　C.根据老师的态度
3. 你想买零食吃时,你会找借口向父母要钱吗?
   A:会　　　　B.不会
4. 当老师问及你和同学打架或争吵的原因时,你会如实说吗?
   A:会　　　　B.不会　　　　C.根据老师的态度
5. 考试遇到不会做的题目时,你会看别人的吗?
   A:不会　　　B.会
6. 当你发现同学的书包里有你喜欢的玩具时,你会趁他不在时拿走吗?
   A:不会　　　B.会

7. 当你不想做家庭作业时,你会向父母说今天老师没留作业吗?

A:不会　　B.会

8. 当你扫地不小心把扫把弄坏了,你会当面向老师承认吗?

A:会　　B.不会

9. 当你发现家长的钱包里有钱,趁爸妈不注意拿走了,事后,被你爸爸发现时,你会承认吗?

A:会　　B.不会

10. 当你吃了父母给哥哥(姐姐)或弟弟(妹妹)留下的好吃零食时,事后,你会向父母说明事情的真相吗?

A:会　　B.不会

【教学反思】

活动结束以后,学生在课堂上的表现对我感触很深,他们能够辨别诚实与撒谎所带来的利与弊。特别在做诚实小测验时,学生们兴趣盎然,都能联系实际如实地做好答卷,真实地反映了学生的诚实本性。学生在活动中表现非常活跃,有谈自己的诚实经历,有说别人撒谎的坏行为,有对自己曾经撒谎而悔过的。教师切实地感受本课主题的价值与意义,也感觉到学生对自己的行为进行了一次洗礼,真正达到了自我教育的目的。

(深圳市平山小学　吴　琼)

我们生活的地方真方便

【设计理念】

根据教材品德与生活课的三个基本特点:生活性、开放性、活动性,在教学活动中,从学生的生活实际出发,结合中队"三个了不起"主题教育系列活动,让学生直接参与实践活动,把课堂扩展到家庭及其他生活空间,全方位地引导学生用眼睛去发现生活中的方便,用心灵去感受生活中的方便,从而培养学生热爱生活的地方,感激为人们生活提供方便的劳动者。

【活动目标】

1. 能从实践活动中体会到自己生活的地方真方便。
2. 能从亲身经历中领悟到自己生活的地方怎样方便。
3. 能从合作探究中弄明白自己生活的地方为什么这样方便。
4. 能在拓展实践中做到让自己生活的地方更方便。

【教学预备活动】

1. 学生实态:

本班学生居住在深圳改革开放的第一个试验区蛇口,学生虽然年龄小,但早已体验到了在蛇口生活的方便,只是缺乏系统的了解。本教学活动就给了学生们一个绝好的机会,让他们进行感悟和熏陶。

2. 课前准备:

(1) 学生上网搜集音像资料《家在蛇口》、《蛇口畅想曲》

(2) 将学生搜集的生活配套设施图片做成CAI课件

(3) 学生与家人一起在生活的地方参加社会活动,仔细体验生活地方的方便。

【活动过程】

活动一 整体感知——体会生活方便

1. 教师播放《家在蛇口》音像资料

学生边欣赏边想:我们生活的地方好不好?为什么?

2. 学生回答,揭示课题:我们生活的地方真方便(教师板书课题)

活动二 仔细观察——细说哪些方便

1. CAI课件：将学生搜集的生活配套设施图片逐幅出示，看一看，想一想：这是我们生活的哪个地方，给我们提供了哪些方便？
2. 说一说"有哪些方便"，比一比谁知道得多。学生以"有了……，……方便"的句式回答。

生：有了宽阔的街道，行走真方便。
生：有了超市，购物真方便。
生：有了学校，上学真方便。
生：有了公汽、的士、火车、飞机，交通真方便。
生：有了医院，看病真方便。
生：有了电信局，通讯真方便。
生：有了体育中心、高尔夫球场，锻炼身体真方便。
生：有了图书馆、书店，看书、买书真方便。
生：有了四海公园、海上世界、少帝陵，游玩真方便。
生：有了风华大剧院，看电影真方便。
生：有了酒店，招待客人真方便。

3. 教师小结：是呀，我们生活的地方各种生活设施一应俱全，确实让人感觉到很方便。

活动三 亲身体验——谈论怎样方便

1. 课前，学生与家人一起仔细体验了一下生活地方的方便。教师请学生说一说。
2. 学生把自己亲身经历的并从中领悟到了方便的事情谈一谈，比一比谁体会得深。（放《蛇口畅想曲》做背景）

生1：我要买课外书看，爸爸就带我去了蛇口书店，书店里的书真多呀，不一会儿，我就买到了我喜欢的书。我对爸爸说："我们这儿买书真方便呀！"
生2：我家住在花果山，离育才一小不到一里远，上学放学我都不用爸爸妈妈接，我上学真方便，也减少了爸爸妈妈不少麻烦。
生3：我爷爷上次生病了特想吃西瓜，我和妈妈马上去"沃尔玛"买了个大西瓜回来。来我家的客人说："你们这儿购物真方便，冬天都能买到大西瓜。"

活动四 合作探究——生活为何如此方便

1. 小组合作：你能把自己体会到方便的事情演一演吗？
2. 分组表演：
(1) 去超市买玩具(学生仔细挑选，柜台服务员热情介绍玩具的特点及玩法)。

(2) 去图书馆看书(管理员热情询问学生要看什么,并查找出来,办好手续后,学生坐下看书)。

(3) 在小区健身房跑步(母子模拟对话:"妈妈,这跑步机是谁安的?""儿子,这是招商地产的叔叔阿姨在盖楼房给我们住的同时,就配备了这些健身器材。""这些叔叔阿姨真好,我们不出小区就能锻炼身体,太方便了!")。

3. 师:从大家的表演中,我们都体会到了生活地方的方便,我们应该为生活在了不起的蛇口而感到骄傲。不过,大家想过没有,是谁给我们提供了方便,让我们生活的地方这样方便呢?现在,小组讨论一下。(领悟不同行业的劳动者给人们的生活带来的方便)

4. 全班交流,说一说。

5. 教师小结:正是因为蛇口人辛勤的劳动,才会使得我们生活的地方如此方便,蛇口人真是了不起,我们应该尊重他们,感谢他们。

活动五 拓展交流——怎么做更方便

师启发:你打算为使我们生活的地方更方便做哪些力所能及的事情?

提示:珍惜大家的劳动成果,爱护一切公共设施,做了不起的蛇口人。

【课后实践】

学生观察生活中常见的公共设施及使用、维护情况,提出一些改进的建议。

【教学反思】

教材是联结师生活动的媒介,教师没有被教材所限制,而是从学生的生活实际、本地的具体情况出发,创造性地使用教材,把教材还原于学生的生活实际,增强了实效性、生动性,很容易让学生产生共鸣,达到教学的目的。本课活动设计从它的活动过程(整体感知——体会生活方便,仔细观察——细说哪些方便,亲身体验——谈论怎样方便,合作探究——为何如此方便,拓展交流——怎么做更方便)以及"课后实践"来看,课堂延伸到了家庭、社会,这样做扩大了学生学习的时间和空间,充分体现了教材的生活性、开放性、活动性。学生自始至终主动参与了整个教学活动,从而获得了真切的体验,达成了活动的目标。

另外,该活动设计还注意了学科课程内容与中队主题教育活动的有机整合。通过教学活动,让学生从"我们生活的地方真方便"这一个侧面真切地体验到了"蛇口了不起,蛇口人了不起",有效地激发了学生"做了不起的蛇口人"的情感。

(深圳市育才一小 夏桂芬)

爱护我们的生活环境

【设计理念】

　　本活动设计重点落在让学生动手实践上,通过一系列环保活动让学生对环境与人类生存、发展的关系有初步的认识;知道如何去保护环境,爱护身边的公共设施;能为保护环境做力所能及的事,并逐步养成爱护周围环境的行为习惯。

【活动目标】

　　1. 学习环保知识,树立参与环保的意识。
　　2. 愿意从我做起,从身边的小事做起,争当环保小卫士。
　　3. 能够帮助家人共同参与活动。

【教学预备活动】

　　1. 环保小画册、宣传海报。
　　2. 计算机课件、摄像机、照相机。
　　3. 环保日记、环保小卫士证书。

【活动过程】

活动一　绿色行动计划

　　1. 教师出示一些破坏环境行为的资料,如踩草坪、乱倒垃圾、折树枝、乱张贴、乱涂乱画的照片、图片或录像。
　　2. 学生组成行动小组,制定出切实可行的"绿色行动"计划,如到四海公园、蛇口广场捡垃圾,清除蛇口街道上的乱张贴,清扫马路等,将这些活动用摄像机拍下来,在主题队会上播放给学生们观看,并拍一些照片在学校展出,让他们明白保护环境的重要性。
　　3. 在班上召开有关环保的主题队会。

活动二　小小美容师

　　1. 学生开展卫生大扫除,教师引导他们从自己的班级做起。
　　2. 号召全校学生爱护教室的公共设施,保持门、窗、地板、课桌椅、电视、电脑的整洁。
　　3. 将环保活动拓展到保持学校和家庭的清洁,让学生通过实践活动,逐步养成爱护周围环境的行为习惯。

活动三　我是环保小卫士

1. 学生收集有关环境保护方面的资料，编辑成手抄报，或制作成宣传海报，或请家长帮忙打印成环保宣传材料在学校、小区或村里进行广泛的宣传，呼吁大家爱护生活的环境，从小事做起，从自身做起，共同美化自己的家园。

2. 引导学生根据学校、生活小区或村庄周围环境的实际情况，制作一些环保标志"垃圾不乱扔"、"废水不乱倒"、"花草树木要保护"、"爱蛙护鸟"等提示牌，插到住宅楼旁、花坛中、草地边、田野里、大树下，提醒大家自觉爱护周围的环境。

3. 开展"我是环保小卫士"的主题系列活动，如"小小回收站""绿色小天使""认养小树""我们的建议"等，增强学生关心环境、热爱自己生活的地方的小主人翁意识。

活动四　"绿色家园"汇报会

1. 学生进行"绿色家园"主题绘画活动。

2. 师生利用废物制作玩具及自制环保小画册比赛，举办班级环保作品展示活动。鼓励和帮助学生自编环保儿歌、故事、童话剧、歌舞等，并进行表演，进而举办"爱护我们的家园"的表演活动，鼓励儿童制作邀请卡，邀请社区人员、家长或其他班儿童与教师参观环保作品展，观看"绿色家园"节目表演，激发大家的环保意识，共同保护我们的绿色家园。

【课后实践】

学生对自己自制的玩具、环保小画册等作品进行自评、互评，选出"优秀环保小卫士"（评选要考虑学生环保认识水平的提高程度）。

【教学反思】

通过"爱护我们的生活环境"一课的学习和实践活动，增强了学生们的环保意识，锻炼了他们的才干和能力。教师在今后的教学中还应多进行这方面的探索。

（深圳市蛇口小学　苗春芳）

比比谁的小区美

【设计理念】

1. 建构开放的课堂运行体系。教师准备的活动材料（录像短片、照片等）完全取材于现实生活，结合实际让学生感受社区的美，同时也了解社区公共设施给人们带来的方便。培养学生对社区热爱之情、关心社会的生活态度。

2. 遵循"回归儿童经验生活"的原则。活动设计从二年级学生社会实践能力出发，实效性强。

3. 活动过程围绕"认一认——说一说——比一比——评一评——想一想"的主线展开。融品德教育于游戏性的实践活动中，容易激发学生参与。

4. 给学生自主表现、互相合作的机会。本次活动将学生分为几个大组，让他们感受合作学习的重要性。

【活动目标】

1. 从多个角度发现、感受社区的美，愿为保护社区环境做力所能及的事情。
2. 学会与人合作，体验合作的快乐。
3. 了解居住的环境以及与自己生活密切的公共设施、场所。
4. 学会用生动的语言介绍自己的小区，并能够为建设小区出谋划策。

【教学预备活动】

1. 学生实态：

每个孩子对自己所生活的地方都不陌生，随着年龄的增长、知识的增加和生活范围的扩展，他们有越来越多的机会接触到社会。所以，很有必要让学生熟悉自己生活的环境，细心感受社区的自然美、人文美，感受生活的温暖和人与人之间的关心。学生在爱自己家的基础上，进一步爱自己生活的地方，并在此基础上愿意用实际行动来保护自己的生活环境。

活动安排在二年级上半学期后期。二年级学生生活范围扩展，他们越来越多地接触到学校，家庭以外的地方。引导学生了解社区中常见的服务机构和公用设施。体验社区环境、服务机构、公用设施与人们生活的密切关系，激发他们热爱生活的情感很有必要。学生也有这样的愿望。

本班学生家庭大部分有照相机，个别家庭还有录像机之类，这有利于拍摄社区环境，为活动服务。

2. 课前准备：

1. 以镇中心为坐标把学生划分为中区、东区、西区、南区、北区五个代表队,也就是五大组。中区是西丽文体中心片;东区是宝珠、万佳片;西区是留仙居片区;南区为文光村片区;北区为九祥岭西丽湖片区。

2. 每个片区代表队利用星期天,调查自己所在地的社会设施、商店、医院、公园、书店等与自己生活密切的各个地方。可以用照相机拍出照片或用录像机录像。

3. 各个代表片区选出小组长作为主要发言人,教师给予小组长适当指导,并和家长事先取得联系,得到支持和帮助。

4. 教师准备好课件(包括学生拍摄片段、社区生活片段、社区服务设施片段等),学生拍摄照片若干,准备音频资料《多么快乐》、片区标牌、小红花。

【活动过程】

第一环节:激发兴趣,引出活动

1. 师:同学们,大家都有自己生活的地方,那么你了解你生活的这个地方吗?了解多少呢?今天我们就来个比赛。

(课件出示活动主题:比比谁的小区美。)

2. 教师解释比赛规则,怎么抢答、怎么回答等。

第二环节:我来认一认

1. 师:西丽是我们的大社区,你了解她吗?下面请同学们看短片认一认。

2. 教师播放拍摄好的西丽社区的短片,依次出现西丽体育中心、西丽医院、西丽小学、西丽湖、动物园等西丽比较有代表性的地方。

(学生举手抢答,学生对大部分地方都很熟悉,所以认出它们并不难。个别同学可能会把西丽水库认成了西丽湖,教师给予适当的指导。)

第三环节:我来说一说

1. 师:看了短片后你想说什么?

(这里,要求学生观看短片后,说出自己的感受。安排这一环节,不仅能让学生对社区有所了解,还为下面"为社区环境建设提建议"打下基础。)

2. 学生畅谈对西丽的感受。(结合某个熟悉的地方,如西丽湖、西丽体育馆、动物园等,根据自己的经历说出喜欢的地方和喜欢的原因,并引导学生说出公共设施的作用。)

第四环节:比比谁的小区美

1. 师:刚才我们了解了咱们西丽镇的情况,那你的家在西丽的哪里?你的小区美吗?美在哪里?咱们要比一比,哪个代表队的小区美。

2. 学生拿出拍好的照片,大家互相看,互相交流。

3. 各组派出代表介绍自己的小区。

(有的小组展示是自己拍的录像短片,边播放边讲解。有的展示的是照片,边说边展示。)

4. 评评谁的小区美。

学生来作小评委,评出自己认为美的小区并说出原因。

第五环节:小小智谋家

师:刚才大家都介绍了自己的小区,下面请小朋友们找找自己小区还有没有不够美的地方?应该怎么办?

1. 学生小组讨论。
2. 个别学生发言。
3. 全体学生讨论,想办法解决问题。最后,他们决定把问题记下,反映给居委会。

第六环节:我们生活的地方会更美

1. 师:是呀,只有不断地发现问题,解决问题,我们的生活才会更美好。看,我们的西丽原来是这样的(教师展示老九祥岭的资料图片),而现在是这样的(展示现在的九祥岭的图片)。

(通过新村与旧村相比较,让学生认识到九祥岭的变化之大。)

2. 学生发表看过后的感受。

师:这就是人们辛勤劳动的结果。我们相信,有了大家的建议,我们的小区会更美!

3. 学生畅谈自己的想法,提出建议。

【课后实践】

1. 找社区的管理人员反映发现的关于社区环境的问题。
2. 请学生们自己设计一个更美、更合理的社区。

【教学反思】

本活动设计强调教学内容和活动形式贴近生活,符合儿童特点;注重在实践活动中指导学生探究知识,认识生活。

学生在活动的准备过程中,自己选择拍摄的地点,他们体会到了活动的快乐、发现的快乐和成功的快乐。有位名人说过:孩子是在活动中成长起来的。在活动中学生自己去选择、自己设计,他们的动手能力、参与能力无不得到锻炼。

在为小区出谋划策的时候,学生们展开联想的翅膀,有创意地进行活动,这是课改课堂中教师培养学生创新精神的体现。

本活动的不足之处是,有的学生在小组合作学习过程中,不善于与人合作,这与他们大部分是独生子女有关。教师以后应注意多给他们提供合作的机会,使他们真正地在合作中学会探究。

(深圳市西丽小学　娄利丹)

水 之 声

【设计理念】
　　本活动课的设计力求贴近学生的生活、贴近实际,将学生作为教学活动的主体。教师根据低年级学生的年龄特点和学习需要,努力做到趣味性与科学性的统一,并尝试将教学内容与各门学科知识进行整合,体现新课程的教育理念。

【活动目标】
　　1. 引导学生认识到水资源的稀少和宝贵,让他们产生关心周围水资源环保的意识,知道节约用水,人人有责。
　　2. 激发学生参与调查活动的积极性,让他们通过调查了解地球上缺乏淡水资源的情况,产生节水、护水的意识。
　　3. 组织学生进行小组交流、讨论,制定节水计划,并能够在课后付诸于行动。

【教学预备活动】
　　1. 学生实态:
　　本班学生素质参差不齐。在大多数学生的潜意识中,水资源是取之不尽,用之不竭的。因而,在日常生活中,教师发现有些学生不爱惜水,经常在不经意间让水哗哗流走,环保意识也较差。
　　2. 学生课前准备:
　　(1) 调查日常生活中人们任意浪费水的现象以及家庭成员的节水方法。
　　(2) 上网查找水资源现状及水资源污染资料,或在家长的指导下进行实地调查。
　　(3) 准备制作节水计划和宣传广告的卡片。
　　3. 教师课前准备:
　　(1) 科普动画《蓝猫淘气三千问》片断与本课有关的课件。
　　(2) 搜集水资源知识及节水方法,制成小卡片。
　　(3) 资料《节水三字经》。

【教学过程】
　　活动一:创设情景,激趣导入
　　播放动画:《蓝猫用水》片断。(学生兴趣盎然地观看动画。)
　　1. 活动引入:
　　师:水与我们息息相关,是生命的源泉。蓝猫说:地球上的水用也用不完,到底是不是呢?这节课我们举行一场"水之声"讨论活动,一起探讨这个问题,看看我们应该怎样节约水、保护水。

（水是司空见惯的物质，对学生来说，已熟视无睹。大型科普动画《蓝猫淘气三千问》是同学们非常喜爱的动画片。蓝猫的出现增强了趣味性，激发儿童对水的兴趣，激起学生关注水资源、探索水资源的热情。）

活动二：创编表演、情景体验

1. 课件演示，了解用途。

师：在日常生活中，我们有哪些地方要用到水？

这时，学生热情高涨，纷纷举起了小手。

教师随机播放水在日常生活、工业、农业上的用途的课件，让学生体会水的重要性。

2. 创编表演短剧：停水真麻烦

师：看来，水对我们太重要了。要是停水了，会出现什么麻烦事呢？谁来说说。

学生纷纷说出停水时给洗澡、做饭、洗衣等活动带来不便的事例。

师：停水给我们带来的麻烦太多了。请同学们把这些麻烦事表演出来吧。

学生小组合作表演短剧。

（短剧表演充分调动了学生的表现欲望，课堂气氛也活跃起来。学生在表演中再一次感受到缺水带来的生活困境。）

师：其实，蓝猫就有缺水的亲身体会。

学生观看蓝猫在沙漠中所遇到的困境的动画片。

（蓝猫在沙漠中的险境，深深打动了学生，使他们深刻地意识到水是多么宝贵啊！）

3. 创编表演游戏：缺水王国历险记。

师：假如地球上没有水了，将会发生什么可怕的事情？如果各小组同学就是缺水王国的居民。请你们合作演一演吧。

学生纷纷参与表演，猜想在缺水带来的危害，甚至会出现动植物死亡等可怕现象。

师：现在，请两组同学分别扮演缺水王国的动物、植物、人类等角色，上台表演。

（表演游戏的形式，增强了儿童感受的趣味性和直观性。学生兴趣盎然、活灵活现的表演使学生更深地体会到水的重要。这比一味地向他们灌输大道理可强多了。）

活动三：揭露浪费水、污染水资源的不良现象，培养节水、护水意识

师：水对我们实在太重要了。没有水，我们就无法生存。可惜啊！有些人却不知吸取缺水王国的教训，随意浪费水。我们把关注的目光投向身边，看看周围有没有这样的现象？

生1：有的同学洗手时不随手关紧水龙头，让水白白流走。

生2：厕所的水龙头坏了，没有及时修好，水哗哗地流着。

教师随机播放在现实生活中所拍摄的一些人浪费水的照片，引导学生进行讨论。

师：他们这样做对吗？

（经过交流和讨论，学生对浪费水这种不良现象表示强烈不满。这时教师可趁热打铁，及时促使学生个体反省，找出自己行为上的不足之处。）

师：同学们，你们有没有在不经意间浪费了水，如果有这种现象，以后你会怎么做？

（活动引导学生勇敢面对自己的错误，并勇于改正。）

师：是啊！在现实生活中，有些人不仅随意浪费水，甚至还随意破坏水资源。

接着，教师展示相关图片。

师：谁来说一说，你看到了什么？

（引导学生说说看到的情景，教师再加以总结，借此进一步激起学生对不良现象的强烈不满，产生节约用水，保护水资源的意识。）

2. 模拟角色体验，强化意识。

师：同学们，看到这触目惊心的画面，此时此刻，你的心情是怎样？假如你是小河，是大海，你想对人们说什么？

生：这真是太可怕了，如果我是小河，我想对人们说：你们不要往我这里丢垃圾了，我的鱼儿快死光了。

……

师：听了大海、小河的话，你会怎样做？

生：我以后再也不浪费水，再也不乱扔垃圾了。

生：我看见有人乱扔垃圾，我会叫他们不要乱扔垃圾。

师：看来，同学们都意识到浪费水、污染水资源的行为是错误的。现在，我们再和蓝猫一起去看看吧！

教师播放地球水资源状况片断。

（生动形象的动画介绍，使学生认识到如果人们再任意浪费水，污染水资源，终有一天，地球上的水资源会枯竭的。）

活动四：阅读知识卡，加深认识

师：水资源是有限的，节约用水人人有责。那么，你们知道节约用水的方法吗？

学生阅读知识卡，了解更多的水资源知识及节水方法，然后在小组内交流。

（学生手拿着小巧精致、图文并茂的知识卡，爱不释手，津津有味地读了起来。）

活动五：节水护水大行动

教师指导学生分组制定节水计划、制作宣传广告、画宣传画，引导学生把节约用水的意识落实到实践之中。

活动六：配乐齐读《节水三字经》

《节水三字经》节奏感强，读起来朗朗上口，易于记忆。通过配乐朗读，强化学生节水、护水意识。

【课后实践】

1. 学生把节水方法告诉家人，并按计划实行。

2. 学生把节水广告贴在家里、学校的水龙头旁，提醒大家节约用水。

【教学反思】

作为教师，最重要的是要更新教学观念，有了符合新课程标准的教学观念，教师才能不断地去探索、去尝试。本活动设计摆脱了旧的教学模式，遵循以"学生为本"的教育理念，留给学生较多的自主空间。教师巧妙地设计了开放性的问题、开放性的活动，运用直观、形象的优势，使学生在说、演、唱、画等活动中受到潜移默化的教育，较好地落实了"节约用水，保护水资源"这一教育点。学生在课堂上感到轻松愉快，增强学习的乐趣，突出了课堂教育观念的转变和教师的教学风格。

（深圳市南山小学　徐文玉）

我们的生活离不开水

【设计理念】

建构主义学习理论认为：知识是认知主体与客观环境的相互作用中获得的，而不是靠教师的传授得到的；认知是主体的认识发展，是通过意义建构的途径而形成，认知主体的认识发展呈螺旋式前进。教学策划要充分认识学习主体的特征，在此基础上进行教学模式的选择、教学媒体的运用。

本活动采用教师主导和学生主动参与的方式进行探究学习，在探究的基础上进行自我总结，教师只做一些必要的活动指导。

【教学预备活动】

学生实态：

二年级的学生对于事物的认识以形象思维为主，他们有一定的知识基础，对事物有自己的看法，而且能够用自己的方式把自己对于事物的理解表现出来。所以教师在教学中要充分考虑学生的这些学习特征。

教学是教师和学生双方互动的过程，不仅需要教师的引导，更需要学生的积极参与。本班学生善于利用网络进行自主学习，善于利用小组合作的形式进行学习，教师在进行教学设计时也要充分考虑这些因素。

【活动过程】

活动一　猜一猜

1. 课堂开始，教师通过网络让学生猜谜语，激发学生的兴趣。
2. 教师出示课题，引导学生说一说生活中哪些地方要用到水，初步感受水在生活中的作用。

活动二　画一画

1. 让学生展示自己所做的调查，用绘画的形式表现出来。
2. 让学生自由参观，浏览这些图片。

活动三 变一变

1. 教师以魔术师的身份告诉学生：水还会变魔术。激发学生的兴趣。
2. 出示不同形式的水，让学生说一说水的不同形态。
3. 让学生说一说自己在生活中看到的水的变化。

活动四 说一说

教师引导学生思考：假如我们的生活中缺了水，会怎么样呢？

活动五 演一演

1. 让学生创编表演在停水时给洗衣服、烧饭、浇花等生活环节带来的不便之处。
2. 学生以小组为单位进行表演。

活动六 评一评

1. 分享各小组的表演。
2. 评一评表演得怎样。

【学习评价】
1. 教师对学生的表现要给予充分的肯定；
2. 教师对于学生在学习中遇到的问题要给予理解，并进行必要的指导和帮助；
3. 教师注重活动过程中知识学习的引导和能力提高；

【教学反思】
　　学生能够积极主动地参与学习活动，能够和小组的学习伙伴进行协作学习，根据自己的能力做适当的工作；他们不仅能勇敢地表现自己，而且能正确地评价别人，汲取别人的优点和长处。

（深圳市向南小学 李华伟）

变来变去的水

【设计理念】

本活动设计侧重于培养学生的动手能力、观察能力及表达能力,培养学生乐于探究、善于观察、勤于思考的能力,使他们掌握基本的实验方法,以及培养与他人合作的精神,初步感受大自然的神奇。

【活动目标】

1. 让学生进一步感知水的特性,知道我们的生活离不开水。

2. 了解水的三态变化,感知大自然中水的循环规律,知道什么叫固态、液态和气态,以及三者之间的联系。向学生简单介绍大自然中水的循环规律。

3. 帮助学生挖掘出对水的其他科学现象的探索兴趣,体会学习是一种愉快的事。

【教学预备活动】

1. 学生实态:

二年级的学生对水已具有初步认识,知道一些有关水的特性,如水是没有颜色的,用鼻子闻、用舌头尝水的方法,知道水是没有味道的。

2. 课前准备:

水、玻璃杯、图片、盐、沙子、酒精灯、铁架台、试管

【活动过程】

教师导入,引出课题

师(谜语导入):我有一个谜语,猜猜这是什么:"双手抓不起,有刀切不开,煮饭和洗衣,都要请它来。"

学生很快猜到了是"水"

教师(板书:"水"):对了,同学们真聪明,我们的生活离不开水,你知道水有哪些变化吗?水也会像孙悟空一样经常变着样子在我们眼前出现(板书:"变来变去"),下面我们一起来进一步认识水。

活动一:做一个实验

1. 提醒学生看清楚试管的水位,然后用酒精灯烧试管。

2. 让学生自己动手做实验。每个小组的桌面都摆有两杯水,一包盐,一包沙,一根筷子。

活动二:利用桌面的材料,小组成员配合,边做实验边思考

问题:

1. 用眼睛、鼻子、舌头观察纯净的水,你发现了什么?
2. 第一杯水撒盐,第二杯水放入沙子,用筷子搅拌,你发现了什么?

生:水是无色、无味的、可以流动的液体,可以溶解某些东西,但却不能溶解所有的东西。

活动三:展示另一个有趣的实验

教师拿一杯热水,杯口用一块玻璃盖着,过一会儿,观察玻璃片。

师问:同学们发现了什么?

生:玻璃片上有水珠,热水会冒热气。

师:其实热气就是水蒸气,我们所说的水蒸气就是气态的水。水蒸气碰到冷的玻璃又变回水珠了。

师:当我们把冰从冰箱里拿出来时,会出现什么现象呢?

生:冰会冒烟,这也是水蒸气。

师:对了,这是因为冰周围的空气中的水分遇到那么冷的冰而变成水蒸气了。想一想在我们的生活中,你还发现哪些类似的现象?小组内交流。

生:例如夏天吃冰棍的时候,冰棍会冒烟。

师:同学们的例子说得真好,证明同学们平时在生活中也仔细观察了。我们现在来看看开始上课时做的实验,有谁又发现了什么吗?

生:试管里的水少了。

生:试管壁上有白烟。

生:水变成水蒸气了。

小结:水遇热时能产生水蒸气,而水蒸气遇冷时又变回了水。

活动四:表演故事《小水滴的旅行》

学生先自读《小水滴的旅行》,然后大声朗读一遍。同时,请其他学生上讲台把听到的情节用图画贴在黑板上。

师问:从这个小故事中,我们知道了什么?

生:知道天会下雨的原因了。

师:可是水姑娘还说:"我是水,我会变,大家现在知道我是怎么变身的吗?"

教师引导学生根据自己的经验说一说水的三态变化,请一个学生在黑板摆图片:水、冰、气、太阳、雪,太阳代表热,雪代表冷。摆完后打乱,再请另外一个学生完整地摆出,再次巩固复习。

(提示:水遇热蒸发成水蒸气,水蒸气遇冷变成水,水继续受冷又变成了冰,冰遇热后又会融化成水了。)

$$水蒸气 \underset{冷}{\overset{热}{\rightleftarrows}} 水 \underset{热}{\overset{冷}{\rightleftarrows}} 冰$$

师:同学们,我们每天都要换洗衣服,把湿衣服晾在太阳底下,湿衣服很快就变成干衣服了,那么那些水都跑去哪儿了?

生:水都蒸发成水蒸气了。

师:同学们真棒。地球上的水资源虽然很多,可是能让人类直接饮用的水却很少很少(出示饮用水比例图),世界人口又在不断地增长,而水污染却越来越严重,同学们,你们觉得我们现在可以做些什么呢?

生:保护水,珍惜水,节约水。

【课后实践】

学生在下课后调查一下周围有哪些污染水资源、浪费水的现象,再把它记录下来。

【教学反思】

学生能积极主动地参与到研究探索水的各种活动中,他们情绪愉快,思维活跃,观察细致,发现了水的主要特征及现象,对水的三态的知识有一定的了解。学生们还乐于思考生活中还有哪些现象属于同样的原理,整个学习活动体现了新课程改革的合作精神和以学生为主的教学理念。

(深圳市育才三小　周彩虹)

保护水，节约水

【设计理念】
　　教师通过设计"外星人探访地球"的活动，引导学生以生动形象的方法认识到地球上的水资源变得越来越稀少。不过，了解水资源的被破坏和缺少对于学生的经验来说是个难点，为了帮助学生加深对水资源现状的具体认识，教师设计了"角色表演"和"节水表演队"的活动，充分激发学生的想像力、创造力，让学生通过说、唱、演、画等各种各样的方式，制定切实可行的节水计划并付诸行动。

【活动目标】
　　1. 初步了解水资源的现状，感受水资源的稀少。
　　2. 树立关心周围水资源的环保意识。
　　2. 以实际行动节约用水，爱护水资源。

【教学预备活动】
　　学生实态：
　　本班学生能够熟练在网上搜集自己学要的信息。大多数学生活泼好动，课堂上喜欢说、唱、演、画，甚至富有科幻想像力，"外星人探访地球""节水表演队"的活动容易激发他们的学习兴趣，使得抽象的节水教育变得生动形象、简单易学。

【活动过程】
　　第一环节：说说我认识的"朋友"（外星人探访地球）
　　1. 师引导：通过课前的调查，你们知道地球上哪里有水资源？哪些是可以直接饮用的？请大家用自己喜欢的方式与同学交流。
　　2. 教师请一位学生当外星人来访人类的朋友——"水"。
　　教师启发学生根据生活经验回答外星人的问题，如地球上哪些地方有水，可以到哪里考察水资源等。最后结合地球仪让学生了解地球上有水的地方虽然很多，但可以利用的水却很少。
　　（设计意图：《品德与生活课程标准》中指出："儿童的品德和社会性源于他们对生活的认识、体验和感悟"，以上活动从学生日常生活入手，让他们说自己所认识的"朋友"，引导学生在熟悉的生活场景中，去认识地球上有水的地方虽然很多，但可饮用的水却很少。）

　　第二环节：我替"朋友说说话"（角色表演）
　　师启发：我们可利用的水资源不多，在我们的生活中还是经常会看到这样的画面展示（河水被污染和自来水被浪费等画面），你看我们的朋友多可怜呀，你还看到过哪些类似的画面呢？

师(展示另外一组水资源受污染的画面):我们身边竟然有这么多"朋友"受到伤害,看到这样的情景,你有什么感受?

学生看到"我们的朋友"受到不同程度的伤害,大家感受强烈,都有很多话想说。教师给说话的同学戴上"朋友"的头饰。学生畅所欲言,为这些受伤害的朋友说出了心里话。

教师(激发):同学们,千言万语汇成一句话,让我们携起手来,共同爱护这些不说话的"朋友"!

音乐响起,师生手拉手唱:伸出你的手,伸出我的手,我们大家手拉手。你来帮助我,我来关心你,我们大家是朋友!

(设计意图:通过这一活动让学生替受伤害的"朋友"说说话,进行了换位体验,把情感投射到没有生命的饮用水资源上,用角色扮演这种趣味性的方式让学生知道水是我们的"朋友",我们不能伤害它们,并为下一个"节水表演队"做好情感铺垫。)

第三环节:我为"朋友"做点实事(节水表演队)

师:同学们"行动才是最有力地证明",让我们成立一个节水表演队,用我们的行动来为我们的朋友做点实事吧。

教师引导学生自由发言,说说怎样组建表演队、表演一些什么节目等等,最后总结学生的意见。

学生自由组合成节水表演队。每个队表演一个节目,比如诗歌朗诵、歌曲填词、小品、广告、现场作画等等。可以结合"停水了""越来越脏的河水""寻找水资源"等主题活动,鼓励学生自己创编故事,准备道具,并进行排练。

(由于诗歌朗诵、歌曲填词等节目有一些难度,学生在排练时要相机指导。)

第四环节:交流展示

各个表演队展示自己组的节目,互相交流各自的体会。

① 巡回表演。

② 制作一个"节水表演宣传队"的旗子或标记牌,选出有创意、有趣味的节目到其他班级表演。

(设计意图:节水活动对于学生来说太抽象,容易流于说教的形式,通过说、唱、画甚至科幻想像等各种艺术表现方式使教学活动更加形象生动,同时,激发学生的想像力、创造力,使得学生多方面能力得以发展。)

【课后实践】

1. 指导学生自由组合,组成调查小分队,到附近的沙河调查水资源的情况,并尝试着想些办法保护它。

1. 向家长宣传节约用水和爱护水资源。

【教学反思】

要让二年级的小学生真正懂得珍惜水,爱护水资源,并不是一件容易的事。本活动设计试图通过多种形式,如组织"外星人探访地球""节水表演队"等,让学生在各种不同的活动中,慢慢懂得珍惜水。教师注重学生的学习兴趣,在有趣的活动中讲理,既突出了思想品德教学的学科性,又达到了教书育人的目的。

(深圳市平山小学 陈春月)

节约用水,保护资源

【设计理念】
　　水和人们的生活息息相关,可以说,水是生命的源泉,工业的血液,农业的乳汁,城市的命脉。我们国家是水资源缺乏的国家之一。可是,人们不爱惜水资源,甚至随意破坏水资源,比如,农田里的化肥、农药,工业排放的废水严重污染江河湖泊,日常生活中人们浪费水的现象,发人深思,所以,师生决定深入开展对水资源的调查研究活动。

【活动目标】
　　1. 情意目标:
　　(1) 使学生明白水的重要性,节约用水是每个公民的责任和义务。
　　(2) 让学生知道水资源匮乏,培养从小节约用水的意识,学会保护水资源。
　　(3) 使学生学会关注社会的发展。
　　2. 能力目标:
　　(1) 培养学生团结协助的精神。
　　(2) 培养学生收集资料、选择信息、整理信息的能力。
　　(3) 让学生掌握小组学习、合作学习、探究学习等学习方法。
　　3. 知识目标:
　　(1) 让学生知道世界节水日(3月21日)和节水标志图案。
　　(2) 让学生初步了解《水法》的相关知识。
　　(3) 让学生懂得海水不能直接饮用。

【教学预备活动】
　　1. 学生:
　　(1) 从生活中找例子,了解水跟生命、农业、工业、城市的关系。
　　(2) 调查浪费水的现象由哪些方面造成的?思考它的危害性。
　　(3) 从网上查找资料,了解我国和其他国家饮用水资源的现状。
　　(4) 了解我国和其他国家对水资源的保护制定了哪些法规和采取了哪些措施。
　　(5) 设计一份节约用水的标语和广告图案。(可以为学校设计一个用水方案。)
　　(6) 根据所得的资料和启示写一篇专题小论文。(不少于300字)
　　2. 教师:
　　(1) 了解与水相关的知识和信息。
　　(2) 准备有关的图片,制作好上课所需的软件。

【活动过程】

第一环节：收集数据　查阅资料

1. 小组调查家庭用水情况。

班别：　　　　　　　　　　学生姓名：

家庭住址：　　　　　　　　家长姓名：

调查内容

月份＼项目＼用水量	住家人口	用水量（吨）	人均用水（吨）
九月			
十月			
十一月			

2. 造成用水浪费情况的调查

月份＼项目	冲厕所	水管漏水	水龙头漏水	洗澡	洗衣服	浇花拖地	其他
九月							
十月							
十一月							

3. 其他浪费水的情况。

项目	农业	工业	日常生活	水源污染	其他

第二环节：交流探讨，课堂汇报研究情况

1. 教师谈话引入，提示研究课题。

师：前段时间，同学们都在对水进行调查研究，这节课就请你们将调查研究的结果在班上进行汇报，并展开讨论交流。

学生把调查结果和自己准备的资料拿出来，大家互相介绍。

2. 学生汇报调查的情况。

（1）出示问题一：请分别举例说明水对生命、农业、工业、城市的重要性。

① 学生发言。

② 师（小结）：从这些例子可以看出，水是生命的源泉，是农业的乳汁，是城市的命脉。同时，它也告诉我们要节约用水，保护水资源。然而，我们却经常浪费水，请说说你们的调查情况。

（2）教师出示问题二：浪费水主要是由哪些方面造成的？它会给我们带来什么危害？

① 学生发言。

过渡语：除了日常生活、农田灌溉、工业用水、城市清洁、绿化等因素外，还有没有别的因素呢？

② 学生发言。

③ 小组讨论：浪费水会造成什么危害？

出示调查表：

浪费水的因素	日常生活用水	农田浇灌	工业用水	城市清洁及绿化用水	水源被污染	其他方面
带来的危害	造成水资源缺乏，影响威胁人类的生存！					

(3) 教师出示问题三：造成水源污染的因素有哪些？

① 学生分组讨论，汇报发言。

② 小结：生活污水、工业污水、农业滥用农药等是直接造成水源污染的因素。

(4) 教师出示问题四：我国的水资源和世界的饮用水资源和未来的预测如何？请说出你所知道的情况。

① 学生举手发言，分组汇报。

② 小结：从你们所了解到的情况看，目前全球的水资源紧缺，污染严重，它为我们人类敲响了警钟：珍惜水源，节约用水，保护水资源刻不容缓！

3. 师出示问题：我国和国际上对水资源的保护制定了哪些法规和采取了哪些措施？请举例说明。

(1) 分组汇报：

(2) 教师小结：听了同学们的汇报后，老师很高兴，因为你们懂得了许多知识，明白了很多道理。说明这次的研究收获很大，祝贺你们！

(3) 辩论：水是取之不尽，用之不竭的吗？

4. 教师总结：

(1) 通过这次研究活动，大家明白了什么？

(2) 学生一齐回答：节约用水，保护水资源是每一个人的义务和职责。节约用水，从我做起！

第三环节：总结评奖

1. 设计节水标语和图案。

2. 设计节水方案。

3. 誊写体会。

学习活动网络。

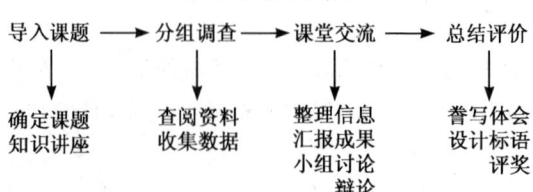

【学习评价】

　　学生展示学习成果。

【教学反思】

　　现代社会需要有思想、有社会责任感、有独立思维能力的人,这就给我们提出一个新课题:改革教育,为学生提供培养创新的环境,品德与生活课恰恰为我们的学生营造了这种学习环境。

(深圳市松坪小学　莫小梅　余伊丹)

从身边的小事做起

【设计理念】

道德存在于儿童的生活中。儿童品德的形成源于他们对生活的体验、认识与感悟，只有源于儿童实际生活的教育活动才能引发他们内心的而非表面的情感，真实的而非虚假的道德体验和道德认知。

【活动目标】

1. 懂得做好事要从身边事做起。
2. 能发现身边可以做的好事，从身边事做起。
3. 学做一些能做的好事，养成良好的行为习惯。

【教学预备活动】

1. 学生实态：

小学生善良、热情，一般都乐于做好事。但对什么是好事，怎样做好事都不太清楚。他们往往觉得干惊天动地的大事或像英雄人物那样去救人献身才是做好事，而容易忽视身边的小事、平常事。特别在家里，许多事都由父母做，他们不知劳动的辛苦，很少主动关心自己的父母，缺乏做事的能力，即使做也是为了获得表扬。

2. 课前准备：

（1）教师：

A. 教师准备与本课相关挂图、幻灯片与课件。

B. 教师与家长联系，了解学生在家做事的表现。

C. 教师与家庭、社区联系提供学生学习、实践的场地。

D. 教师、家长和社区人员检查活动场地的安全措施。

（2）学生：

A. 调查父母或他人做过哪些好事，讲一个自己知道的故事。

B. 找一找在我们周围有哪些好事可以做。

C. 准备一次性塑料手套、夹子或塑料袋。

D. 学生每人准备一个"好事记录本"。

【活动过程】

活动一 交流、汇报调查内容

目标：
1. 通过学生自身经验和课本图画让学生明白什么是好事，自己做了哪些好事。
2. 感受父母的辛苦，从而加深对做好事的理解。

操作：
1. 小组讨论：什么样的事是好事？能做的好事在哪里？
2. 教师引导结合课本图画谈想法、观点。

师：同学们刚才进行了讨论，知道什么样的事是好事，能做的好事在哪里。大家都很愿意做好事，不希望自己做坏事。现在，我们仔细观察书本第46页，你觉得小明这样说对吗？说说你的看法。

3. 说一说：自己平时做过的好事，自己想做的好事。
（1）同桌互相交流、调查。
（2）把自己平时做过的好事，自己想做的好事分别列举出来，写下来。
4. 学生将自己调查、总结的内容在小组里进行汇报。
5. 学生讲一讲父母在自己心中的形象以及自己的感受。

师：你们的回答，让老师感觉到你们的父母养你们真的是很不容易，你们也非常爱你们的爸爸妈妈。眼看着你们的父母如此辛苦，你们除了想说点感激的话，还想做点什么呢？

活动二 "好事"大搜索

目标：
1. 能发现身边可以做的好事，从身边的小事做起。
2. 感受做好事带给自己和别人的快乐。
3. 要有决心坚持做好事，养成做好事的良好习惯。

操作：
1. 教师设题：自己能做什么好事？
2. 按家里、学校以及社区、公共场所等不同地点分三大组讨论交流。
（1）我为家里添欢乐
让一个小组互相交流，谈自己为家人所做的好事。
（2）"人人都来弯弯腰"
本活动可利用品德与生活课的课时，也可用其他时间开展。学生讨论如何以实际行动做好事，如爱护学校、社区的环境卫生，人人弯弯腰，捡起一片纸屑、一个包装袋等。
（3）处处都有可以做的好事
让学生自由想像，创设情境，做各种好事进行模拟表演活动。如：在公共汽车上、马路上、公园里……

3. 学生讨论成立"做好事"小组：帮助老人组、社区环境组、路灯组、帮助低年级同学组、饲养动物组。

4. 学生制定小组活动计划

活动三　大家齐行动

目标：

1. 学做一些力所能及的好事，并获得快乐的体验。
2. 掌握做事的基本能力和基本技能。
3. 体验愉快的情绪和养成良好的行为习惯。
4. 能留心观察生活，做生活的有心人。

操作：

1. 学生走出教室，到校园、社区捡纸屑、食品包装袋……（教师提醒学生注意卫生与安全，学习保护自己，做好相应的卫生与安全措施，如戴塑料手套，或将塑料袋套在手上，或用夹子，做完后要勤洗手等。）
2. 集中说一说，自己做好事的意义。
3. 学生体验做好事之后的心情，并把自己的心情和体会写下来。

【课后实践】

每一位学生准备一个"好事记录本"，把自己做的或者看见的好事记录下来。

【教学反思】

教师创设了各种活动，如调查、讨论、交流、情景模拟小品表演、室外实践等，这些学习条件给学生提供了广阔的活动空间。教师与学生一起参与学习活动，使学生在开放、自由的氛围中开展和实施学习活动。教育离不开生活，生活离不开教育。教师通过设计本课的活动，将学生的思想品德教育与实际生活紧密联系在一起，让学生在快乐中学习，学习中体验，体验中成长。

（深圳市平山小学　黄海红）

二年级下册

集体生活真愉快

【设计理念】

　　根据品德与生活课的要求,教学要走进学生的生活,让学生成为课堂上真正的主人,让学生多动脑想,多动手做。教师作为教学的指引者,让学生在回顾当中体会集体生活的愉快,体验与同伴交往的乐趣并掌握一些基本的交往技能。

【活动目标】

　　1. 能用各种方式介绍自己的朋友,讲述自己跟同学之间的故事。

　　2. 体验同学友好交往、合作的乐趣,实际感受与同伴和谐交往的充实、愉快。

【教学预备活动】

　　1. 学生实态:

　　本班学生已经有一年半的小学生活体验了。在这个班集体中,他们都已经找到了自己的好朋友,并且同学之间也有了一定程度的了解。

　　2. 课前准备:

　　师生共同收集有关友谊的名人名言、诗歌、故事、歌曲等。

【活动过程】

活动一　猜朋友

　　1. 谈话导入:

　　师:同学们,我们在一起学习、生活、已经有一年半的时间了,在这个集体中,大家都结交了许多好朋友。今天,我们一起来说说自己的好朋友吧!

　　2. 每个学生都有自己最要好的朋友,请他们以有趣的方式介绍自己的好朋友,不能说出名字,让其他同学猜猜他(她)是谁。

　　3. 给学生时间想想自己该怎么介绍好朋友。

　　4. 以击鼓传花的形式轮流进行猜朋友活动。教师也参与活动,由刚介绍完自己好朋友的同学来击鼓。

　　(教师和学生一起玩游戏,能让学生的热情加倍高涨,一开始就进入角色。)

活动二　集体生活，朋友多多，快乐多多

1. 让学生说一说自己和去年相比，又多了几个好朋友？都是谁？
2. 学生谈一谈是怎样交上朋友的？
3. 个别学生讲述：离开班集体的日子

师：同学们，我们刚放完一个月的寒假回来，你们的心情怎么样啊？

师：同学们说得真好，看来同学们都很喜欢学校的生活，班集体的生活。老师也喜欢学校的生活，可以和你们一起学习和做游戏，感到很开心。下面我们就一起来玩一个游戏吧！

活动三　游戏——找朋友

全班同学围成一个圈，选八位同学在圈内。播放音乐，开始玩"找朋友"游戏。

活动四　我的朋友会更多

1. 让学生说一说自己还想和谁交朋友，怎样才能和他（她）交上朋友。过一段时间之后，大家再看看谁又交上了新朋友，促使学生与更多的人交往。
2. 教师把提前制作好的"朋友花"发给每一位学生。学生在花心上写上自己的名字，在花瓣上写上好朋友的名字。过一段时间后再看看自己多了几个好朋友。或者把想和谁交朋友，就把谁的名字写在花瓣上，相互成为好朋友了，再涂上喜欢的颜色。

【课后实践】

学生与好朋友一起合作办一期"我的好朋友"手抄报，把成为好朋友的故事画出来。

【教学反思】

放假了，学生们有一个月的时间没见面，现在他们重新坐在一起学习，心情十分兴奋，参与学习活动的积极性也非常高。由于每位学生都想发言，教师课堂上要注意把握好时间。学生在介绍好朋友的时候，语言描述都集中在描述好朋友的外貌上，教师要注意引导学生着重从好朋友的语言特点、性格特点、特别是从小动作上介绍就更好了，必要时教师可以先做示范。

（深圳市育才三小　周彩虹）

我为集体添光彩

【设计理念】

本活动设计结合学生生活实际,把良好行为的养成落实到他们的日常行为中去,引导学生体会个人的言行对集体荣誉的影响,能够用实际行动为自己所在的集体增添光彩。

【活动目标】

1. 通过教学活动使学生认识到每个人的言行都会对集体产生影响。
2. 使学生能够用自己的实际行动为集体增添光彩。

【教学预备活动】

学生实态:

本班共有学生30人,男生19人女生11人,年龄在7－8岁之间,大部分学生来自于学校附近的个体户家庭,由于受家庭、社会环境的影响,学生的日常行为习惯普遍较差。有些独生子女由于父母的宠爱,常以"小皇帝"自居,一切以自我为中心,不懂得关心他人,意识不到自己的言行会给他人带来坏的影响。针对这一情况,本学期教师给每个学生都建立了"家庭联系本"、"个人荣誉册"等,如实记录学生的日常行为表现,以便互相检查、监督、取长补短。同时,鼓励学生在日记中反映班级情况,并发表自己的意见。

【活动过程】

第一环节:我和集体的故事

引导学生结合个人生活经历,讲述自己的一言一行对集体荣誉所产生的影响。

师(引导):班上受到批评的同学都很内疚,得到表扬的同学都喜形于色,可见每个同学都希望自己能给我们班带来更多的荣誉,为我们班增添光彩。

第二环节:小组讨论会

1. 结合班级开展的竞赛活动以及学校对班级的总结、评论来讨论。教师针对本班的实际情况,组织学生反省自己的表现,总结并展开交流,引发学生对个人表现与集体荣誉关系的关注,进而意识到每个人的行为都会影响到整个集体。
2. 将学生分为若干学习小组,教师发给每个学习小组一份学习资料,其中包括:每周操行评比表,班级荣誉记录表,好人好事登记表及光荣班集体计划表。

师:老师给每个小组准备了几份表格,我们可以打开看一看。

各小组学生打开自己的材料,情不自禁地开始议论起来。很多学生还把自己的日记本也拿了出来，有的学生常常在日记中记录的反映班级情况或其他情况，这些成了这次讨论会中有力的依据。

3. 学生边听边议边填表。

第三环节：争创"光荣班集体"行动

结合学校里进行的"流动红旗班"、"文明班"等各项评比活动，教师组织学生制定争创光荣班集体的行动计划。计划中既要有班集体的共同目标，又要有每个学生为实现集体共同目标所作的个人行为计划。

师：班级是一个大家庭，每个人都是其中的一分子。每个同学的言行举止都会起着重要作用。每个人的言行对集体荣誉都有会产生影响，每个人的表现与集体荣誉都有着密切联系，所以同学们在制定计划时，一定要有个人行动计划。

师（激发）：同学们都有很强的集体荣誉感，希望大家能互相监督，共同努力，争创"光荣班集体"。

第四环节：我为集体添光彩

教师在学生意识到每个人的表现都会影响到集体后，引导他们用自己的实际行动为班集体增添光彩。活动中充分尊重学生个人的意愿与兴趣，不要让学生带着完成任务的心态去开展活动，引导学生认识到为集体增光添彩不仅仅是做好事，更不能为做好事而做好事。要侧重行为的养成，密切结合学生的实际生活，落实到日常行为中去，并引导学生养成良好的行为习惯。

师：我为集体添光彩，不是仅仅是做好事，获得表扬奖励。

生：而且要遵守学校纪律，讲文明、讲礼貌。

生：尊敬老师，关心同学。

生：团结友爱，共同协作。

生：爱护公物，节约水电。

第五环节：自编自演，重在理解

在学生对本专题有了较深理解的基础上，让他们充分发挥自己的想像力，对本活动内容进行再加工，编成短剧、儿歌等多种形式进行表演或背诵。

【课后实践】

1. 学生以小组为单位，定期编写手抄报。
2. 学生以个人为单位设立"我为集体添光彩"活动记录册。
3. 表演儿歌《我为集体争荣誉》：

班级是个大家庭，
兄弟姐妹三十几，
团结友爱齐努力，
和睦相处像一家；
小李家中有困难，
"六一"捐款送上门，
小王学习基础差，
同学负责帮助他。
门窗干净桌椅齐，

公共秩序共维持，
各项比赛均获奖，
流动红旗高飘扬。
班级是个大集体，
我为集体争荣誉。

（表演的形式符合学生贪玩好动的特点，儿歌的语言通俗易懂，内容丰富，生动有趣。由于是学生自编自演，学习内容非常切合儿童实际。学生通过表演，进一步深化了对这一主题的理解。）

【教学反思】

　　这一教学设计的主要特点是：注重结合学生的生活体验，讲述自己和集体的故事，激发学生热爱集体、关心集体的情感。最后一个活动环节"课外延伸"是一项学习计划，引导学生在日常行为中用自己的实际行动为集体增添光彩，收到了较好的效果。

（深圳市阳光小学　刘春晖）

保护森林，节约用纸

【设计理念】

　　教育学生保护环境，就要教育他们从身边小事做起。本教学设计通过学生自己讨论，动手利用废纸做作品、制再生纸，写环保广告等活动，激发学生创造的热情，保护环境的渴望。使学生自觉地在日常生活中严格要求自己，用实际行动保护环境。

【活动目标】

　　1. 懂得保护森林、爱护环境要从我做起。
　　2. 明确自己应有的实际行动。
　　3. 学会利用废纸的技能。

【教学预备活动】

　　课前准备：
　　1. 废纸盒、废报纸等。
　　2. 果汁机、清水、浆糊等。
　　3. 水盆若干、方盘若干、纱布若干。

【活动过程】

活动一　变废为宝

　　师：生活中，很多废的纸盒，废纸经过再利用还会为我们生活做贡献。让我们利用已经收集来的废纸盒、废纸等分组制作作品，变废为宝。

　　（大家齐动手、动脑，发挥集体的力量，在愉快的合作中完成作品，体验到成功的快乐，知道废纸盒原来这么有用！）

活动二　造再生纸

　　师：大家一定对造纸都非常感兴趣吧？今天我们就自己动手，利用废报纸制造再生纸。听老师讲解步骤，分组做。
　　1. 把废纸撕成小片，泡在清水中。
　　2. 泡软后放进果汁机加水搅拌两分钟。没果汁机可用木棒搅拌。

3. 倒出纸浆放在方盘中，加一些浆糊调匀。

4. 用抄纸台抄纸浆。或用纱布滤出纸浆。

5. 用旧报纸吸干水分，阴干后一张再生纸就做好了。

学生动手分组做。

教师巡回指导，注意浆糊放多少和铺均匀。

活动三　节约用纸之我见

师：在我们等待纸阴干的过程中，老师想请大家讨论个问题："要保护森林，大家要怎样从实际行动节约用纸？"（同桌或前后桌讨论）

师：大家谈得都很好。只有积极行动起来，才能保护我们的森林，保护我们的环境。来，现在就开始行动吧！

活动四　集体利用再生纸画画

师：我们自己造的再生纸已经可以用了，现在我们每个小组集体画一张画吧！

有的组画如何环保，有的组画美丽校园，等等。有的小组纸没造好，可以看别的组画。

师：用自己造的纸画画感觉真好！虽然纸的颜色不好，厚度也不均匀，但我们体会到创造的乐趣。画好的把画贴在我们教室板报上。

【课后实践】

1. 学生和爸爸、妈妈订一个家庭环保公约。

2. 学生回家后，把以前没用完的作业本或练习本订在一起用来打草稿。

【教学反思】

本教学活动设计最大的特点是通过学生自己动手利用废纸盒、厚报纸制作作品、造再生纸，让学生从实际行动体验节约用纸的乐趣。教师没讲任何大道理，注重学生理解，在教学过程中自然而然地培养了学生团结、合作的精神和动手操作的能力。

（深圳市前海小学　戴慧杰）

节约用纸，保护环境

【教学理念】

纸张与儿童现实生活密切相关，又与环境问题相联系。通过这一教学活动，培养儿童节约用纸、保护资源的意识和行为，让学生认识到，环保行为是良好品德的表现，也是热爱祖国的实际行动。

【活动目标】

1. 关心周围环境，初步理解环保的重要性，养成节约用纸、爱护森林资源的良好习惯。
2. 通过多种方式培养学生收集信息、分析问题能力和善于思考、与人交流的能力。

【教学预备活动】

课前准备：

活动前，去学校图书室、教导处、附近的森林公园、报社等地方，分组收集资料，查找有关造纸过程、造纸原料以及我国森林的相关资料，调查用纸量的情况。

【活动过程】

第一环节：酝酿活动主题与计划

课前，教师给学生讲一则"蔡伦造纸"的小故事，激发他们对纸的产生感兴趣。师生共同讨论活动主题，确定活动计划。

（这样的开题，有利于唤起学生积极主动学习的愿望。）

第二环节：提出问题

1. 教师向学生发问：纸是从哪里来的？
2. 学生展示收集来的资料，饶有兴趣地交流，然后分小组完成判断题，知道苇子、树皮、稻草、木头等可以造纸。

（教师引导学生从现实生活中自己感兴趣的问题入手确定调查主题。）

3. 学生提出疑问：木头怎么能造纸呢？

教师抓住这一问题，让学生用幻灯演示找到的手工造纸的过程。

4. 学生议论，认为手工造纸的过程很复杂，提出疑问：我们现在用的纸就是这样造出来的吗？

放现代造纸的录像。让学生了解造纸的全过程，边看边议：造一张纸原来需要这么复杂的过程呀！造纸得用多少木头呀！那得砍伐多少棵树啊！

5. 学生提出问题：造一张纸需要多少木头？

教师抓住这一问题,指导学生把参观造纸厂调查来的数据做一统计。

(这一环节,旨在激发学生探索的兴趣,发挥学生的自主性,有效地利用准备的材料,具体直观地引向深入。)

第三环节:汇报交流

1. 找答案,学生小组内交流调查结果。

(学生在教师的指导下,开始研究纸与森林的关系,有了节约用纸、保护森林的意识。)

学生在书中查到:1棵树能造60千克纸,造一吨纸大约需要17棵树。

他们把在公园、报社、学校调查汇总的情况进行公布。(结果触目惊心)

2. 学生进行环保资料交流:森林的六大功能。

3. 引导学生谈感受。

(学生在此基础上谈感想,收效甚佳。他们畅所欲言:森林原来有那么多好处啊!树砍多了,环境就被破坏了。四月份的沙尘暴就是森林被破坏引起的。我们每天节约一张纸,一年就能节约一棵树。以此为契机,引导活动向深层次发展。)

4. 讨论:"红领巾"能做什么?

引导学生自主讨论交流,集思广益,提出切实可行的节约用纸的具体办法。

(这一环节的设计,凭借教材,把通过调查、咨询、查阅、上网等辅助手段获取的知识融合在一起,不断使学生产生兴奋点,既培养了收集信息、分析问题的能力,又加深了感悟、深化了思想品德课研究的意义。)

第四环节:见行动

1. 按大组进行分工:一组负责办一期节约用纸的墙报,制定《节约用纸公约》,画宣传画;一组做小小监察员,写倡议书,督促同学爱护书和本子,不乱撕本子,用过一面的纸,再利用背面来打草稿;一组负责收集废旧日历、报纸送废品站;一组在班上设一个废纸箱,把废纸盒收集起来再利用。

2. 作业:废纸、废纸盒的妙用。参照书本,利用废纸、废旧纸盒做小制作,变废为宝。

(在这一环节中,教师善用鼓励的语言,让学生寻求新的发展,而不仅仅是学会了课文内容了事。将课堂内的学习引申到课外,在日常生活中争做节约用纸的模范,用实际行动来保护环境。)

【教学反思】

这篇课文的教学设计,教师关注的不仅仅是教材本身蕴含的知识目标,而是追求获取知识的过程,设计中处处以学生为主体,只有学生主动参与才能有质的飞跃。教师除了支持、启发学生思考问题,督促学生付诸行动之外,还激励学生把自己的理解、感受用不同的方式有创意地表现出来,去进行保护环境的交流、宣传,既教育了自己,又影响了别人,活动有深度、有价值。

(深圳市大冲小学 朱海萍)

影子的探索

【设计理念】

利用教材的特点,设计各种实践活动,充分地让学生自主地去体验、探索影子的秘密和规律;引导学生发现问题、提出问题,通过实验寻找答案,并用实验来观察、发现结论,验证自己的看法,培养学生科学学习习惯。在活动中充分发挥学生的主体作用。

【活动目标】

通过自主实验,自主探索,发现影子的特点以及光与影子的关系,体验大自然现象的奇妙和有趣。

【活动准备】

1. 课前以四人小组为单位进行画、量、观察影子的特点,并分别把早晨、中午、下午量得的数据记录下来。

2. 每组学生准备手电筒和可以立在桌上的小圆柱以及两张蓝色、红色的塑料薄膜。

3. 教师准备日晷图片和演示需要的灯光、屏幕。

【活动过程】

活动一 激趣导入,交流观察影子的心得体会

1. 师在屏幕上投下手的影子,问:你们看到了什么?(影子)

2. 师:由这影子,你想到了什么?

3. 师:在课前,我们各小组在阳光下分别在不同的时间测量了影子的长度,现在请把你们量得的数据交流一下。

教师在这个过程中激励学生说出自己发现的与别人不同的地方。

(这个环节的设计,主要是引导学生自主探究影子的特点,发现影子的特点、规律。由于课前学生已有了观察和实践活动,他们都有自己的体验,学生回答得比较好,兴趣很浓,积极性很高。)

活动二 课堂展示,探究活动

1. 师:你们真了不起呀,发现了影子有这么多的特点。同学们还把观察到的影子

画了下来。下面一起来看看你们的作品。

师：你们看了之后，有意见要发表吗？

（由于学生课前观察活动比较扎实，发现了许多问题。这一活动安排主要是引导学生发现问题，提出问题。）

2. 实践活动

师：画错的同学不要紧。我们一起来做做实验，再仔细观察观察。

师生共同做实验。小组负责拿手电筒的同学和老师一样拿手电筒当太阳。同学们认真观察。早晨太阳从东方升起，影子在什么地方？太阳慢慢升到头顶，是中午的时候了，影子在什么地方？下午，影子转到西边了，影子又在什么地方？

师：同学们，你们观察到了什么？

学生：说各自的看法。

（通过这个实践活动，让学生明白了自己画的错在哪里，并进一步明确了光、影子的位置关系。同时，还让学生观察了影子随时间变化而变化的这一特点。）

师：在古代时，人们就观察到了这一点，那时没有钟表，人们就利用光和影子这一特点制作了日晷。你们看这就是日晷（出示图片），它是利用影子来观测时间的。下课后我们可以动手来做一做。

3. 判断错误

师：请大家打开书第27页，看下面的图，你们发现这些图中的影子错在哪里？

学生：判断错误，并口头订正。

活动三　动手实践，探究影子的变化

1. 影子变大变小的实践活动

（1）师：影子会变大变小吗？在什么情况下它会变大或变小的？我们来做一个小实验。

（2）教师说明实验的规则与方法：以小组为单位，每人都要亲自试一试，记录员做好结果记录，(把班里的灯关了，把窗帘拉上)。把手电筒的光投到桌上，然后拿任何物体都行，放到手电筒光前移动，观察影子的变化。

实验开始，教师巡回指导。重点引导学生们亲自动手，通过亲自体验，得出结果。

（3）汇报实验结果

2. 教师利用实物投影做影子变大变小的实验，让学生解开平时教学活动中常接触到的这个不解之谜。

3. 奇怪的彩色影子的实践活动。

（1）师：我们通过实践活动，知道影子会变大变小，但你们知不知道影子也有色彩的？你们想看看彩色的影子吗？

（2）教师说明实验的方法。各小组将蓝色、红色塑料薄膜分别蒙在手电筒上，对着白卡纸打开手电筒，把手放在光线里观察影子会怎么样。

（3）实验之后，汇报实验结果。

（设计这一活动环节的目的是充分让学生动手做实验，亲自体验、探究影子的秘密，从中发现规律。引导学生结合生活中的有关现象,进一步体会光源与影子大小的关系,从中培养了学生的动手能力及发现问题、解决问题的能力。)

【课后实践】

　　1. 影子是我们生活中的伙伴,它陪伴着我们成长,给我们带来了很多欢乐。不过影子离不开光,没有光就没有影子。那么我们还能利用光和影子来干什么呢?我们课后思考一下,动手做一做。下一节课,汇报和展示你们的发现结果。

　　2. 此外,我们晚上做作业时离不开台灯,那么台灯应该放在哪个位置对眼睛最好呢?请大家动手试试,把结果写下来。

【教学反思】

　　本教学活动设计,立足于体现学生的主体性和合作性,让学生在合作活动中自主探究学习、发现问题、提出问题和解决问题,从中体验到成功学习的愉快,激发了他们的学习兴趣。同时让学生把探究实践与实际生活结合起来,在自主探究中获得新知识、新经验、新技能,体现了品德养成与现实生活结合起来的特点。教师在活动中还注意锻炼了学生的动手能力、合作能力,体现了课改的理念和精神。

(深圳市育才三小　刘尚英)

我们来造彩虹

【设计理念】

1. 为学生创设一种近乎真实的生活环境和科学环境。在这样的学习环境中,学生的学习能更进一步地走进生活、走近科学,也更贴近生活、贴近自然。

2. 把学习的权利还给学生,让学生在学习的同时,注重体验学习乐趣,感觉到学习是一件快乐的事情。

3. 让学生们保留一分童真,不让知识、经验和人情世故把他们过早地催熟,让学生们拥有童年的天真、好奇和幻想。

4. 让学生能够用适当的方法来取得别人的帮助,学会合作和研究方法,并能把自己观察、研究和发现的结果用不同的形式表现出来。

【活动目标】

1. 对光的色彩有浓厚的兴趣。

2. 认识太阳光的七种颜色。

3. 学会一些制造彩虹的方法。

【教学预备活动】

1. 学生实态:

二年级的学生,已经初步形成了一定的生活和学习习惯,能够自觉约束自己的行为,懂得与人合作,爱发表自己的见解,能在活动中体会到快乐,对大自然有好奇心和一定的探究兴趣,喜欢动手制作,喜欢到室外去观察、调查、探究和做实验。

2. 课前准备:

(1) 教师准备:

A. 电脑课件《美丽的彩虹》

B.《七色光之歌》(MTV)

C. 各种光的颜色的资料,如录像、照片、文字。

(2) 学生准备:

A. 吹泡泡的工具。

B. 盘子、镜子、矿泉水瓶子、水盆、透明圆珠笔、喷水壶、白纸、水等。

C. 收集有关彩虹的故事、诗歌、歌曲、器乐演奏、表演剧、绘画、剪纸、窗花等。

【活动过程】

活动一　创设情景，激发兴趣

1. "吹泡泡"大赛

（1）对话导入：

师：有谁喜欢玩"吹泡泡"？（学生纷纷举手）

师：你们看老师也举着手，老师也喜欢玩。今天，我们就一起来玩"吹泡泡"。

（从学生喜欢的"吹泡泡"游戏入手，激发学生的好奇心和学习兴趣，让学生在玩中学，在学中玩。）

（2）学生活动：玩"吹泡泡"游戏

活动二　交流讨论，思考探索

1. 讨论会，学生汇报：

师启发：

（1）你们有什么发现？

（2）谁发现了泡泡的秘密？

（3）泡泡为什么会有这么多的颜色？

（4）在教室里吹的泡泡有颜色吗？

（5）泡泡的颜色和什么有关系？

（启发学生思考泡泡的颜色与光的关系，激发学生对光的色彩的好奇和探索兴趣。）

2. 观看电脑课件《美丽的彩虹》以及有关光与色彩的录像、照片、文字资料等。

（运用直观形象的电脑课件、录像、照片，在电脑等诸多媒体的帮助下，为学生建构一个科学的研究环境，以便于学生把新旧知识联系起来，拓展思维空间，发挥想像力。）

师问：现在在你有什么想法？颜色和什么有关系？

（让学生把颜色和光联系起来，最后得出结论：太阳光是由七种颜色组成的。）

活动三　实验操作，合作探究

1. 我们一起来造彩虹

（1）学生做一个小实验。

A. 教师在教室里制造彩虹，在盘子里放上水，镜子斜放在里面，让水盖住一半镜子，转动盘子，让阳光照射在镜子上，调整镜子，墙壁上就会出现彩虹。

（通过制造彩虹，激发学生的学习和研究兴趣。）

B. 让学生知道还有很多的方法制造彩虹。让学生自己来制造彩虹。

（指导学生选择材料和地点，进行分组实验。学生自由组合小组，自己选择活动地点，无论是室里还是室外都可以。）

活动四　发挥想像，展示特长

1. 如果我有七色光——彩虹的故事

（1）我们来听一首歌《七色光之歌》（MTV）

师：这首歌唱的是什么？有人会唱这首歌吗？

（2）学生特长表演

学生有关于彩虹的歌曲、器乐、故事、诗歌、小品，可以上台来表演；有关于彩虹的绘画、剪纸、窗花，也可以展示。

（学生讲故事、唱歌或朗诵、绘画等才艺展示。）

2. 教师小结：

"在那阳光升起的地方，

就是我们七色光的家乡。

我们在那里游戏

在那里歌唱

在那里舞蹈

在那里欢笑

七色光，

那是爱的颜色

也是属于童年的颜色，

更是属于我们的颜色，

她让我们的世界更加美丽。"

【课后实践】

教师布置作业，让学生回到家之后，能继续寻找制造彩虹的方法，比一比，看看谁找到的方法最多，下节课一起来展示。

【教学反思】

为了让课堂更贴近生活、贴近自然，教师设计活动时，在一定程度上侧重活动的外延。在"活动四：发挥想像，展示特长"中，师生设计了"如果我有七色光——彩虹的故事"的活动，学生所展示的特长涉及到音乐方面的歌曲、舞蹈、器乐、表演剧，文学方面的诗歌、故事，美术方面的绘画、剪纸、手抄报等等。这些学习活动在更多的层面上为学生打开了想像和创造的窗口，激发了学生的学习兴趣，培养了他们的想像力和创造力。

（深圳市西丽小学　任　涌）

好大的一个家

【设计理念】
　　本教学设计主要以活动的形式,让学生知道我国是一个多民族的国家,初步了解一些少数民族的文化和风俗习惯,进一步拓宽视野,认识和热爱中国这个"大家庭"。

【活动目标】
　　1. 知道我国共有五十六个民族,汉族人最多。
　　2. 了解一些主要民族的风俗习惯和文化特点。
　　3. 感受祖国是一个统一的大家庭,尊重少数民族的风俗习惯和独特文化。

【教学预备活动】
　　1. 学生实态:
　　深圳的小学生学习这一课,具有得天独厚的条件:"锦绣中华"、"民俗文化村"是特区孩子们在幼儿园和入学后郊游的好地方,学生们在那里欣赏到一些少数民族的民俗表演,对许多的少数民族以及少数民族的民居、服饰、舞蹈有一定的了解。就主题内容而言,学生学习的兴趣较浓,为他们学习好本课打下了良好的基础。
　　2. 课前准备:
　　(1) 师生共同收集少数民族的人物图片、服饰,通过查资料了解少数民族的文化、节日和风俗习惯。
　　(2) CD一张、幻灯片数张、学生版中国地图一张。

【活动过程】
　　第一环节:激趣导入
　　1. 师(启发):谁知道我们祖国这个大家庭的领土有多大?对,在我国辽阔的土地上,汉族人口最多,此外,有五十五个少数民族。你知道有哪些少数民族呢?请说说他们的名称。
　　2. 学生踊跃发言:藏族、蒙古族、新疆维吾尔族、傣族……
　　第二环节:音乐欣赏
　　1. 教师给学生准备了一段歌舞录像,请他们看完后说说自己的感受。
　　2. 教师播放《爱我中华》的MTV。
　　第三环节:畅谈感想
　　学生发言:
　　1. 我看了这个〈爱我中华〉的录像,知道了五十六个民族就是五十六朵花。
　　2. 我知道我国的五十六个民族的人民很团结,很快乐!

3. 我们的五十六个民族的人民像兄弟姐妹一样，少数民族的服装很漂亮。
4. 宋祖英的歌唱得很好。

教师小结：五十六个星座五十六枝花，五十六族兄弟姐妹是一家。我们有个共同的家叫中国。（板书：好大的一个家）

第四环节：生生交流
1. 地图上找民族

小组学习：在地图上找找少数民族的聚居地，通过中国版图上的民族分布，感受到中国是一个多民族的大家庭。

2. 图片中识民族
（1）小组长组织学习小组的成员欣赏收集来的图片，通过图片了解民族文化。
（2）各小组推荐代表，为大家展示图片，感受少数民族的独特文化。

第五环节：师生交流
1. 教师示范引导

师：同学们，还记得我们语文课上学过的《难忘的泼水节》吗？课文介绍的是什么民族，他们有什么传统节日？

2. 幻灯片出示民族节日

师：请看大屏幕，这些是老师查到的一些少数民族的传统节日：
傣族的泼水节
纳西族的龙王庙会
苗族的芦笙节
壮族的歌圩节

3. 学生展示查阅到的民族节日

第六环节：作品展示
1. 舞蹈展示

舞蹈兴趣班的女同学带大家学跳蒙古族摔跤舞的基本动作，藏族哈达舞的舞步。

2. 服装展示

学生展示从画报或网上收集到的民族服饰。

3. 欣赏民俗故事

学生演讲民俗故事。

【课后实践】
1. 调查学生身边的少数民族亲人或邻居，了解他们的风俗习惯。
2. 办一期"五十六个民族是一家"为主题的手抄报或剪贴报，表现我国丰富多彩的民族文化。

【教学反思】
1. 课前准备充分，资料收集齐全，是这次活动成功的关键。
2. 教师创设生生互动、师生互动的良好的学习氛围。
3. 整个活动将思维训练、语言表达及歌舞演示等融为一体，实现了多维目标的有效整合。

（深圳市南油小学　杨冬梅）

好壮丽的一个家

【设计理念】

本教学设计以轻松愉快的游览形式,让学生了解祖国的悠久历史和独特风光,感受祖国山河的壮美;使学生乐于参与,勤于参与,倾情投入;使学生在活动与实践中,体验到祖国山川的清秀可人和磅礴气势,产生对祖国的热爱之情和自豪之感。

【活动目标】

1. 知道孕育中华文明的两大河流——长江和黄河,了解其发源地和入海口。
2. 了解一些名胜古迹,感受祖国山河的壮美和社会主义建设成就。
3. 把家乡的美景介绍给大家,获得对家乡的自豪感和美好体验。

【教学预备活动】

1. 学生实态:

学习本主题内容,深圳小学生有较大的优势。他们来自全国各地,很容易了解到更多的名胜古迹;学生家庭经济条件好,外出旅游观光的机会多;深圳信息技术领先带给他们更广阔的遨游空间。收集资料应该没问题。加之学生对风景名胜、文物古迹兴趣浓,为学好本课奠定了基础。

2. 课前准备:

(1) 师生收集有关中国名胜古迹的资料,如:图片、书刊、诗歌、旅游门票、音像光盘等。

(2) 教学用的中国地图。

【活动过程】

活动一 黄河长江领你游

1. 歌曲引入,播放《大中国》。

教师引导:我们都有一个家,名字叫中国。家里盘着两条龙是长江和黄河……

2. 教师出示教学挂图。指导看图,描述长江、黄河的起源、途经省份、入海口以及总长度。

3. 教师深情地简介长江、黄河对华夏文化的深远影响。(出示图片)

教师一边叙述一边指出风景名胜的具体位置:我们的祖国是一个具有悠久历史和灿烂文化的文明古国,名胜古迹星罗棋布,其中28个被列为世界自然和文化遗产。看,北京的故宫、长城,陕西的秦陵兵马俑,甘肃敦煌的莫高窟等都是著名的文化遗产。山东泰山,安徽黄山,江西庐山,四川峨眉山等都是世界的自然遗产。

活动二　美丽家乡导你游

1. 小组活动。学生以导游的身份,将家乡的美丽风光介绍给同学。各组推荐一个语言表达能力的学生,准备参加班级美丽家乡导游活动。
2. 班级开展"我是家乡小导游"活动。重点介绍家乡的一处风景名胜。要讲清家乡在哪里,有什么名胜古迹以及它最吸引人的地方。
3. 师生评价。

活动三　壮丽山河任你游

教师引导:同学们,你们到过很多地方,留下了珍贵的照片、门票、导游图、纪念品,有的同学还带来了光碟,收有资料的软盘。现在根据大家的兴趣、爱好,自由组合,把自己的成果、喜悦、乐趣与同学分享。

1. 光碟、软盘组:由收集人一边播放,一边解说。其他同学还可提出问题,请收集人回答。
2. 照片组:介绍照片上的景物,讲讲旅游的快乐,说说照片背后的故事。
3. 门票、导游图组:讲述门票上的景点,说说那儿最吸引游客的地方。
4. 纪念品组:把纪念品给学生欣赏,说说纪念品的来历,喜欢它的原因。

活动四　优美诗文伴你游

教师(引导):古往今来,无数文人墨客游历祖国的名山大川,写下了许多脍炙人口的好诗美文,现在我们就来诵读、欣赏吧!

1. 学生诵读描写祖国山水的诗歌:《望庐山瀑布》、《题西林壁》、《登鹳雀楼》、《望天门山》、《凉州词》、《早发白帝城》。
2. 欣赏美文。

小学语文课本里有很多描写祖国风景名胜的课文,从中选出一些,配上视频和课文录音,一边欣赏画面,一边听录音朗读,感受祖国山河之美。

如:《桂林山水》、《镜泊湖奇观》、《五彩池》、《莫高窟》、《富饶的西沙群岛》。

3. 品读名句。

"桂林山水甲天下","上有天堂,下有苏杭","峨眉天下秀,青城天下幽","不到长城非好汉"。

【课后实践】
教师布置学生编辑《祖国风光集》。每个学生将自己选择的图片下加上"导游词",注上自己的名字。然后班级将这些图片和"导游词"装订在一起,编一本《祖国风光集》。

【教学反思】

1. 课堂气氛活跃,以学生为主体,做到了互动、能动、善动。

2. 充分利用语文教材和影像,在课后的实践活动中练习编写"导游词",实现了思想品德、生活和语文的整合。

3. 以后分组活动时,教师要组织好学生文明交流,避免学生因只顾表现自己而高声喧哗,影响教学效果的情况。

(深圳市南油小学 董世光)

三年级上册

温暖的家

【设计理念】

家庭是社会的重要组成部分,学生能否感受到家庭的温暖,感受到亲情,意识到自己是家庭成员之一,具有一定的权利和责任,将直接影响到他们的自我意识和社会行为的发展。本活动设计将一个大单元的内容浓缩为一个教学活动,课前教师和学生都做了充分的教学准备。

【教学目标】

1. 情感目标:

(1) 教育学生知道自己的成长离不开家庭,学会感激父母长辈的养育之恩,体会家庭成员间的亲情。

(2) 学会用恰当的方式表达对父母长辈的感激、尊敬和关心,懂得孝敬长辈。

(3) 知道家庭成员在日常生活中要互相尊重,每一个人都有家庭责任感;家庭成员之间应该相互沟通,平等相待;要能正确处理自己与家庭成员之间的矛盾。

2. 能力目标:

(1) 训练学生能够清楚地表达自己的感受与见解。

(2) 培养学生倾听他人的意见,学会与他人交流与合作。

(3) 引导学生学习从不同的角度观察、认识、分析事物和现象。

3. 知识目标:

(1) 知道有关自己成长的事情,体会父母的养育之恩。

(2) 知道在家庭应具有哪些文明礼仪,懂得自己的事情应该自己做。

【教学预备活动】

1. 学生实态:

(1) 现在的小学生大多是独生子女,常常以个人为中心,容易出现自私、任性、不懂得理解、关注他人,特别不懂得理解与关注父母,认为一切理所当然。

(2) 父母因为感受到学生的成长带来的无尽的喜悦,所以在日常生活中把爱化做无微不至的关怀,而学生不知道爱与关怀应该是双向的。

2. 课前准备:

(1) 了解学生对父母的感情,以及父母与家庭在学生心目中的地位。

(2) 了解在学生们眼中的温馨家庭里父母学生之间应该是怎样的一种关系。

(3)了解父母在承担家庭角色时的内心的想法,并在课前用录音机录下一些家长的心里话。

【活动过程】

第一环节

目的:

通过播放父母对学生说的心里话,营造一种温馨感人的气氛,激发学生内心深处的情感,感受父母的爱意,体会亲情,建立沟通交流的平台。

操作:

1.教师播放录音,许多学生的爸爸妈妈把他们平时想对学生说却又没说出口的心里话都事先偷偷地录了音,教师在播放的过程中要关注学生们的表情和反应。

2.教师提问:听完录音,你们有些什么感想?

选那些听了父母的话热泪盈眶的学生回答,使课堂气氛更加升温。

3.教师尽可能让多一些的学生谈体会,这样可以使学生产生一个相通且相同的心理环境。

4.教师在肯定学生的回答之后设问:为什么课题是"温暖的家",而老师却要上课前又放录音,又要你们谈感受呢?这和我们的新课有什么关系呢?是不是多此一举呢?

5.教师仔细听完学生的回答后,给予称赞,把学生们的热情带入第二个环节。

第二环节

目的:

通过对平时生活中的一些温馨美好回忆的描述,引出学生对"谁带来美好生活"问题的思考,进而更深地体会父母长辈的养育之恩。同时对学生进行口头表述能力的训练。

操作:

1.教师请学生到投影仪前向大家展示一些自家美好生活的照片,让教师和学生一起分享美好的回忆。

2.通过对照片的描述,教师引导学生进一步去体会美好的家庭生活是父母长辈付出了多少的努力和心血换来的,体会在自己成长过程中父母深重的养育之恩。

第三环节

目的:

在第一、第二环节创设的温馨的课堂氛围的基础上,让学生通过小组讨论"我已经长大了,我应该为创设温暖家园做些什么"来思考自己在家庭中所应承担的责任,同时对学生进行清楚表达自己的见解和感受能力的训练。学会从不同的角度去观察、认识、分析事物和现象。

操作:

1.教师提出:在这样温馨的家庭环境中,同学们一天天健康地长大了,你在享受温暖生活的同时,有没有想过作为家庭的成员,应该为创设这个温暖环境做些什么,对家庭应该负有什么样的责任。

2.学生根据教师提出的思考目标分组进行讨论,讨论完毕后每组派几位代表上台陈述己方的观点,并说明理由。

3. 教师在评价每组的陈述之后把学生写的卡片贴在红心卡上,称之为"温馨宝典"。

4. 在集体讨论的过程中,学生通过质疑、解释、补充等活动,渐渐地转换了自己的角色,开始有了主人翁的责任感,开始感受到了家庭的责任。

第四环节

目的:

在课的结尾,通过"我的心里话"让学生们把自己在整节课积聚的感情喷发出来,把自己对父母的爱情真意切地表达出来,使整堂课达到高潮。

操作:

1. 教师引导学生:你们真是长大了,懂事了,说得多好啊!教师都感动了,要是你的爸爸妈妈能听到,一定会很高兴的,你愿意说给他们听吗?

2. 让学生们把自己的心里话尽情地说出来。

3. 让学生与参加听课的家长一起分享家的温暖和责任。

【教学反思】

1. 课堂容量大,课前做了充分的教学准备。从学生在课堂上的整体表现看,基本上达到了"以情动人"、"以情晓理"的效果。

2. 分组进行集体讨论的时间短,每一组人数较多,未能保证每一个学生都有参与讨论的机会。

(深圳市南山外国语学校　张小军)

爸爸、妈妈抚育我

【设计理念】
　　品德与社会课是以学生的生活为基础,以培养学生品德良好、乐于探究、热爱生活的学生为目标的活动课程。本次活动围绕着这一目标训练学生的语言表达能力,使学生理解父母的养育之恩,同时丰富学生的情感,达到多维教育目标的有效整合。

【活动目标】
　　通过认知过程和情感体验过程的有机结合,让学生在学习和活动的过程中,体验获得新知的快乐,从而领悟做人的道理,选择良好的行为方式,养成孝敬父母的良好习惯。

【教学预备活动】
　　1. 课前布置学生回家收集自己不同成长阶段的相片,听妈妈讲相片后面的故事。
　　2. 与家长联系,请家长到校与学生一起活动。
　　3. 准备歌曲,音响设备。

【活动过程】

活动一　自我叙述,导入主题

　　首先,教师布置学生回家收集自己成长不同阶段的照片,听妈妈讲每一张照片后面的故事,上课时把每一张收集到的照片贴到墙上,请学生向大家介绍自己的父母,包括父母的姓名、年龄、工作,重点介绍父母在抚育自己成长的过程中一些难忘的故事。在学生叙述的过程中,教师不断采取诱导式的语言鼓励他们,通过这样的展示和表达,把学生们带入对温馨的童年生活的回忆中,从而自然而然地引出本课的主题。

活动二　自编自演,体现主题

　　七、八岁的学生具有很强的模仿能力和表现欲望,新课程的编排也极其重视对学生表现能力的培养,因此,在教学过程中,教师应充分发挥学生的主观能动性,让他们学会观察生活、体验生活和模仿生活,并从中受到教育。
　　教师试着让学生用表演的形式模仿他们与父母生活的某一情景或某一片断,让部分学生实际担任一定的家庭角色,像电影演员一样表演生活,去体验他们与父母之间的交流。比如组织学生自编自演了"妈妈的早晨"、"回家的路上"、"风雨中的呵护"等几个主题小品，通过学生的亲自参与，体验角色，借助情境的直观性、形象性，对学生的感官产生强烈的刺激，使他们进入所创设的特定氛围中，激起相应的直觉情感。这种体验让学生在不知不觉中触动了自己的情感之弦，切身体会到父母工作的艰辛和对自己无私的爱，从而引起全体学生的共鸣，能够深刻体会本课主题的意义。

活动三　互动参与，渲染主题

本主题活动为了强调父母的参与，教师做了如下具体安排：首先给学生朗读了一篇父母致学生的一封信，在信中，父母描述了养育学生的艰辛和看着学生成长的快乐以及对他们的期望，接着采访了现场的爸爸妈妈，说出学生成长中难忘的故事，让学生体会父母养育的辛劳，另外还通过打电话传递学生与父母之间的真情，激起了学生情感的火花，渲染了主题。

活动四　展望未来，升华主题

以上三项活动，通过学生、家长和教师的共同参与，给学生的心灵以极大的触动，这时，教师不失时机地加以引导，使学生们懂得如何去回报父母的关爱，从而升华了主题。

首先讲评这一课，对学生的积极参与和正确表达给予鼓励。其次，展开小组讨论，题目就是"我们如何以实际行动报答父母的养育之情"，通过引导，教育学生懂得珍惜生活，珍惜生命，孝敬父母，热爱学习，不辜负父母的希望，将来成为国家栋梁之材，最后给学生布置家庭作业，让每个学生回家后首先为父母做一件事，通过这些实际行动，真正达到行知结合，巩固教学效果的目的。

【课后实践】

1. 课内讨论：我们如何以实际行动报答父母的养育之情。

2. 布置家庭作业，让每位学生回家为父母做一件事，比如给爸爸妈妈泡一杯茶、帮助爸爸妈妈打扫卫生等等。

【教学反思】

整个教学活动设计紧密联系学生的实际生活，使学生在生活中饶有兴趣地学习、探究、体验，在学习中感受到成长的快乐。学生通过学习活动，能够主动、深刻地了解父母，加深了他们与父母之间的情感，将对父爱、母爱的理解从感性认识上升到理性认识，并转化为具体行动。

（深圳市平山小学　杨京慧）

我懂事了

【设计理念】
　　培养学生的道德情感和社会责任感是品德与社会课突出的教育目标。学生的道德感与责任感与他们的日常生活和行为习惯息息相关,"我懂事了"这一主题活动来自于生活,让学生们感受到自己在生活中成长,最后还要回到生活中去,让学生形成良好的道德行为。因此,这一主题活动注重学生主动参与,关注学生生活体验,让课堂走进生活。教师只有在教学过程中教得灵活,学生才能学得灵活,教学活动的设计应充分体现学生自主性学习。

【教学目标】
　　1. 理解父母工作的辛苦。
　　2. 乐于分担家务,培养学生家庭责任感。
　　3. 学会做一些力所能及的事情,学会照顾自己,学会关心父母。

【教学预备活动】
　　1. 录像(配有音乐)
　　2. 调查爸爸妈妈的工作情况
　　3. 记录一天之内爸爸妈妈为自己做的事情
　　4. 记录一天之中自己为爸爸妈妈或为自己所做的事情
　　5. 画笔、白纸等制作卡片的材料

【活动过程】
　　一、导入(播放配音乐的录像。)
　　教师问学生:你从中感受到什么?
　　学生答:爸爸妈妈给了我们生命,无时无刻照顾我们,关心我们的成长。正是因为有了爸爸妈妈的关爱,我们才能健康快乐地成长,才有机会坐在宽敞明亮的教室里幸福地学习。我们现在是三年级的学生了,也应该学会体恤父母,为他们做一些力所能及的事了。

　　二、活动过程

活动一　小组活动"说说爸爸妈妈的工作"

　　1. 先让学生阅读课文:乐乐跟随爸爸一天的工作情况,体验到爸爸工作的辛苦。

2. 然后分组,让学生把在家里了解到的爸爸妈妈的工作情况,在课堂上与他人相互交流。

3. 请学生自由发言,陈述爸爸妈妈一天的工作情况,教师引导学生认识到父母每天早出晚归地工作,非常辛苦。

活动二 把父母做的事和自己做的事比较

1. 教师引导学生认识到爸爸妈妈每天在外面工作那么辛苦,可是回到家里以后他们的劳动还没有结束,还要做很多事情,其中很多时间都是用来照顾子女。

2. 学生分组,在一张白纸的对折面分别列举爸爸妈妈每天为自己做的事情和自己每天为爸爸妈妈做的事情,让父母做的事情和自己做的事情两者间做个对比,了解到在爸爸妈妈每天下班以后还为子女做许多事情,子女一直享受父母的照顾,但子女为父母做的却很少,甚至一些原本应该自己做的事情都要父母效劳,多么惭愧呀!

3. 学生自由发言,说说自己的感受。

"爸爸妈妈下班以后还为我们做那么多事情,多么的辛苦呀!你以后打算怎么做?"教师启发学生。

教师引导学生知道父母的工作非常辛劳,让学生认识到自己应当做力所能及的事情,学会自己照顾自己,并知道为了回报父母自己打算为父母做些什么。

活动三 制定计划:"我懂事了"

学生们以"我打算为自己或父母做——"为主题,每人做一张大卡片,贴在墙上。

学生每天都填写这个卡片,使能为自己、为父母做事的意识深入每个学生的心里,并实施到行动中去,持之以恒。

【课后实践】

1. 除了做些力所能及的事情外,学生还有很多方式可以表达他们的爱,表达他们对父母的感谢和关爱,例如送上自己做的卡片,父母的生日、母亲节和父亲节的时候送上自己的问候等。

2. 学生回家了解父母的生日,了解母亲节和父亲节的由来。

【教学反思】

"我懂事了"是遵循着《品德与社会课程标准》提出的理念,以"学生学习料理自己的生活,尽量少给父母添麻烦;关心家庭生活,愿意分担家务,有一定的家庭责任感"为思路设计的。活动结合学生的实际情况,合理利用教材,以学生直接参与活动为主要教学形式,教学内容依据教材又不拘泥于教材。整个教学活动追求"活",体现"动",让学生们在愉快的氛围中自主学习,在活动中陶冶性情,培养他们责任感和良好的行为习惯。

(深圳市前海小学 李婷婷)

生活中的安全

【设计理念】

关注学生的成长,体现以育人为本的现代教育价值取向;培养学生参与社会的能力,让他们从自己的角度观察社会、感受社会、研究社会;培养学生解决问题的能力。

【教学目标】

1. 教育学生树立珍爱生命,热爱生活,自尊自主,乐观向上的人生观。
2. 使学生初步掌握自护自救本领,增强他们挑战生活问题的勇气。
3. 培养学生搜集、整理信息,分析和运用信息的能力以及通过各种途径探索和解决问题的能力。

【教学预备活动】

1. 学生:

搜集有关安全知识的资料(包括书籍、新闻、图片、宣传画报、网络资料等),制作一张准备写提示语的卡片(形状、颜色随自己喜好)。

2. 教师:

搜集有关安全事故的新闻资料(要求接近学生生活并能给予他们强烈的震撼);制作有关的课件;准备教具(电话、电源插座、木棒、铁棒、小组评价卡、知识竞赛栏板、竞赛题)

【活动过程】

活动一 了解缺乏安全知识、缺少安全意识的危害

1. 活动方式:

观看有关课件(教师提前制作有关火灾溺水事故的新闻、图片以及车祸的现场录像,配有说服力极强的真实数据的解说)。

2. 解决的问题:

通过火灾、溺水事故的新闻图片资料和现场拍摄的交通事故录像片段回放,以及两组极具说服力又便于学生接受的数据资料(全世界学生每天意外伤亡人数和深圳市本

年度上半年交通事故统计），让学生感受到缺少安全意识的危害。

活动二 了解安全隐患，学会自护自救

1. 活动方式：

自由组合，小组内交流资料后向全班汇报。学生在交流汇报过程中进行自护自救技能演示：(1)进行自救演示活动；(2)进行火警电话119的拨打练习活动；(3)组织学生开展交通安全知识竞赛活动；(4)自由交流活动。

2. 解决的问题：

教师组织学生根据自己搜集到的资料，结合自己的兴趣，随机分小组、分话题进行讨论学习，预计分3—4个学习小组，如防触电小组、防火小组、交通安全小组等。提示学生先找出与本组讨论的话题有关的危险隐患，再说遇到这样的事情应当怎么办。

3. 活动预设：

（1）防触电小组交流资料。活动中教师依据学生的交流情况，提醒学生处理触电的意外事件时所要注意的事项，如及时切断电源、不能与受害人直接接触、用木棒将受害人与电源分离、解救后拨打急救电话，并邀请该小组内的同学进行演示。

（2）防火小组交流资料。活动中教师对交流出色的学生给予表扬，并加以积极引导，组织学生练习拨打火警119急救电话。最后师生共同总结"火场逃生四要诀"：毛巾捂鼻，弯腰前进；棉被护身，保你安全；火场求救，引人注意；卫生间避难，等待救援。

（3）以交通安全小组为主进行知识竞赛。活动中教师注意调动学生的学习兴趣，吸引其他组的同学参与到活动中。竞赛分必答题、抢答题两种，现场推选主持人、记分员、监督员以求公平和新鲜感。

（4）随机交流：

根据现场学生对讨论话题的选择，教师安排没有选择任务的学生参与到其他小组进行讨论，并向全班汇报。

活动三 编写安全提示语，进一步强化学生的安全意识

1. 活动方式：

(1) 自由组合或个人独立完成。

(2) 情境模拟。

2. 解决的问题：

(1) 提示语的编写：选择自己喜欢的方式，可以自己编，也可以合作编写，写好后在班里展示。

(2) 知识的巩固：设计一个失火的情境模拟，考验学生的火场逃生自救能力。

【学习评价】

各活动过程中评价的侧重点不同。活动一的重点落在教师的即时评价上，活动二

的重点落在学生之间的互评上,活动三的评价作为课后作业。

【课后实践】

1. 布置学生将课内编写的安全提示语在小组内进行相互评价。

2. 填写评价表。如：都写了哪方面的安全提示语,本小组写了多少,自己认为自己能得几颗星,与其他组员再进行互相评价。

【教学反思】

这节课的设计从学生的生活实际出发,充分体现了"以人为本"的教学理念：

(1)活动的引入：收集和学生生活实际紧密相连的有关安全事故的案例,激起学生的活动兴趣。

(2)活动的设计：教师在活动设计的过程中全面考虑学生在课堂中可能出现的环节并逐一安排,使得活动内容丰富,活动过程井然有序；活动设计并不局限于课堂那短短的四十分钟,从收集查找资料到课前准备学习卡,从课内交流探讨到课后评价总结,真正把活动融入学生的生活,真正达到了"实践"的目的。

(3)活动的过程：给学生充分的空间,让他们自由选择学习的方式,自由选择学习伙伴自由组合；给学生一定的自主权,把活动的准备、组织、实施以及评价的权利都还给学生。

(深圳市蛇口小学　郑晓敏)

合作力量大

【设计理念】

　　心理学表明,学生品德的形成来源于他们对生活的认识、体验和感悟,因此现实生活对学生品德的形成具有特殊的价值,这节活动课的设计力求从学生已有的社会认识和经验出发,把学生在合作中存在的问题通过种种方式凸现出来,引发他们思考,引导他们认识到合作的重要性和广泛性,通过反思、体验和感悟,了解合作的方法,懂得成功合作的条件并在生活中学会与人交流、合作,分享快乐。

【活动目标】

　　1. 情感、态度、价值观

　　(1) 认识合作的重要性,乐意与他人合作。

　　(2) 在活动中体验合作成功的乐趣。

　　2. 知识与技能

　　(1) 通过生动有趣的游戏,使学生认识合作成功应当具备条件。

　　(2) 培养学生初步的合作意识和能力。

　　(3) 培养学生搜集信息、处理信息的能力。

　　3. 过程与方法

　　使学生学会合作的方法,并在实际生活中乐于与人合作,体验在集体中分工与合作的重要性。

【教学预备活动】

　　1. 学生实态:

　　三年级学生合作意识淡薄。学生对于合作的理解仅仅局限在友好相处、互相帮助、不争吵等低层次上。对于为什么要合作,合作会带来什么好处,合作的方式,分工与合作的关系等问题还没有充分的认识。

　　2. 课前准备:

　　(1) 学生通过各种方法在课前收集有关家庭、学校和社会上合作的事例以及有关合作的俗语谚语。

　　(2) 多媒体教学课件、歌曲磁带《蓝精灵》、录像带。

　　(3) 游戏道具:八个皮球,用于测量的尺子和记录表,准备实验用的瓶子和带绳子的小球。

【活动过程】

	活动目标	活动内容	活动方式
活动一	引出"合作"的话题	明白什么是合作	通过游戏：分8个小组比赛传球，第一次从头顶上传，第二次从左肩上传。
活动二	认识合作的重要性	分析合作成功或失败的原因	讨论，交流。
活动三	认识合作的广泛性	合作在我们的身边无处不在	学生展示事先收集的资料：家庭、学校、社会中合作的事例和俗语谚语，讨论交流。
活动四	了解合作的条件	培养学生合作的能力	观看合作情景录像：下午打扫卫生的场面；石油开采；汽车制造的场面。讨论，交流。
活动五	体验合作的喜悦	通过游戏让学生亲身体验合作的快乐和作用，为培养合作的意识打下基础	分组游戏：①小合唱，要有动作才好看②合作完成测量书本、桌子、黑板的长和宽并计算面积。③合作完成一个小实验。
活动六	培养合作的意识	学会如何合作	汇报合作的体验和感受，对照评价表汇报自己对合作的认识，教师归纳出合作成功的条件：分工协作；各取所长；顾全大局等。
活动七	让学生在今后的生活中，把合作变为自觉的行动	在学生熟悉并且和本课主题吻合的歌声中结束全课	在《蓝精灵》的歌声中，多媒体出示"齐心协力，团结合作——你行、我行、大家行"，全班齐读以表决心。

学习评价表　　　　　　　　　　　　　☆☆☆☆☆

你们合作前分工了吗？	
你们刚才如何分工，为什么这样分，大家愿意吗？	
合作中有矛盾吗，你们是怎么解决的？	
这次合作成功吗，你是否愿意在今后的学习和生活中加强合作？	

【课后实践】

1. 重编小品《三个和尚》。

2. 写倡导合作的建议书。

【教学反思】

本课针对三年级学生心理特点,选择了学生感兴趣又能体现出合作重要性的游戏活动,通过"活动"这个载体,充分调动了学生学习的积极性,使他们在情感和态度上有了积极的体验,也对他们逐步明确合作的重要性起到了水到渠成的作用。在此基础上,再经过讨论归纳,再体验、再感悟,以此促进学生正确的价值观的形成。特别是"合作测量"这个游戏,学生既要量,又要记录,还要计算。学生通过活动加深了对合作的感性认识,发现并总结出了合作成功的条件。

(深圳市南山实验学校 杨静涛)

让我们学会合作

【设计理念】
　　合作与学生的学习生活密不可分。学生在课堂上与教师的配合需要合作，小组学习、讨论需要合作，在中队、大队活动中，学生经常参与合作式游戏活动，早操、课间游戏、体育活动尤为需要合作，大扫除、值日更离不开合作，社会上合作的事例比比皆是，合作存在于学生的实际生活中。三年级的学生已经初步具有集体意识，但是大多数学生对合作的重要性认识不够，对合作方法缺乏了解，与人合作意识和合作能力也比较薄弱，因此有必要用具体事实、真实体验引导学生学会与人交流、合作，感受合作的重要性，愿意与人分享快乐。

【活动目标】
　　1. 体验在集体活动分工与合作的重要性。
　　2. 认识合作的条件。
　　3. 具有初步的合作意识和能力。
　　4. 在活动中体验合作成功的喜悦。

【教学预备活动】
　　1. 学生实态：
　　本班学生的学习基础弱，纪律性比较差，培养他们团队合作精神，引导他们磨合学习生活中的矛盾与冲突尤为紧要。不过，学生们的动手能力较强，教师可在动手实践中培养他们的合作精神，引入学生喜爱的游戏，寓教于乐，让学生在愉快活动中学会合作。
　　2. 课前准备：
　　(1) 学生：在日常生活中观察人与人之间的合作现象。准备橡皮泥。
　　(2) 教师：组织学生分小组合作捏小动物，将情况拍成录像，根据教学需要进行剪辑。准备硬纸(拼字游戏)、若干气球。

【活动过程】

活动一　拼字游戏导入，引出"合作"话题

　　1. 请3名学生到黑板拼出"合作"两字。
　　2. 提问学生："什么是合作？"请几个自愿的学生发表自己的看法，教师给出合作的概念。

（以游戏的方式导入,激发了学生的兴趣,教师可以自如地引出本课题的目标和内容。）

活动二 夹气球活动,体验合作

1. 学生自由组合,两人为一小组,分若干小组比赛,看哪个小组最先夹住气球冲到终点。
2. 教师采访胜出的小组。
师:你们是如何把气球夹稳呢?
生:两人商量好走的路线,不要让气球掉到地上。
(在活动中,学生充分体验合作,将合作融入课堂行为中。)

活动三 交流生活中的合作现象

1. 学生阅读课本第40页到第43页。
2. 全班讨论,交流自己观察到的合作现象,教师及时指导学生。
3. 教师(小结):的确,合作能够帮助我们战胜学习困难;在赛场上,合作为集体赢得荣誉;在游戏中,合作让我们玩得更开心。在我们的生活中,处处有合作,人人都离不开合作。那么,我们如何才能更好地与别人合作呢?
(交流能让学生了解"合作"就存在我们的周围,合作很普遍也很重要。)

活动四 播放录像,认识合作条件,引起思考

1. 学生观看录像。(内容:学生课前合作捏小动物的情形,因为是第一次合作,并不要求学生一定要成功。)
2. 小组就录像内容交流感受。
师:合作需要注意什么问题?
生:同学之间要配合。
3. 教师(引导、归纳):为了与别人合作,把一件事情做好。我们应该事前互相商量,合理分工,随时交流看法和意见,把自己负责的工作做好。
(教师的归纳是非常有必要的,可以提升学生对合作条件的认识。)

活动五 再次合作捏小动物,体会合作乐趣

1. 四人小组合作捏小动物。
2. 教师交代注意事项:分工要明确,齐心协力,共同把事情做好。提醒学生想一想,怎样才能避免上次犯的错误。
(有了第一次的经验,学生必能把事情做得更好,再次体验合作。)

活动六　欣赏作品，提升合作的意义，分享合作快乐

1. 学生欣赏前后两次作品，并进行对比。
2. 教师引导学生就这两次作品捏得如何发表意见，帮助学生发现在捏的过程中存在的问题。思考："为什么第二次的作品比第一次好看得多？"学生自由谈。
3. 评出最佳合作组，小组谈谈合作成功的喜悦。

（学生有了成功的喜悦，就会愿意与人交流。）

活动七　提升主题，全面认识合作

1. 教师在黑板上分别写下："合作成功的条件"、"合作失败的原因"这两个标题，请学生自由发言，并在黑板上写出意见：

成功的条件：事先要商量、人人都要负责任、分工要合理、经常交流等。

失败的原因：相互埋怨、各自单干、分工不合理等。

2. 教师总结：合作是集体生活中一件非常重要的事情，同学们在集体中有过许多的经验，有时不太成功，甚至失败。今天大家讨论了合作，知道了成功的条件和失败的原因，希望大家能够记住它们，在今后的集体合作中取得成功。

3. 请学生参考黑板上讨论的结果，在课本第41页上完成"合作成功的条件"和"合作不成功的原因"。

（最后的总结起到画龙点睛的作用，也是十分关键的。）

【课后实践】

1. 课外学生自由组合，合作办手抄报。
2. 在课室设立展台，展览手抄报。

【教学反思】

合作，对于小学生有很大的意义。学生在游戏中容易体验到合作的重要性，更容易学会合作。因此，本课的设计依托学生生活经验，始终让学生处于合作的体验之中：师生之间的合作、同伴之间的合作，游戏中的合作，讨论中的合作。学生在合作中学会合作，在合作中体验成功。教师欣喜地发现学生在合作中不仅开阔了思维，还获得了主动发展的机会。

（深圳市南山小学　邓凤娟）

我和小伙伴

【设计理念】

通过教学活动,让学生在调查、讨论、合作、体验等系列活动中感受到同学之间友好相处带来的愉悦,认识到集体与个人的关系,增进同学之间的友情,发展学生良好的社会交往行为习惯和个性品质。

【教学目标】

1. 培养学生热爱生活,为自己与他人友好相处而感到骄傲和自豪的情感。
2. 使学生懂得与人相处应以和为贵、以诚信相待、彼此尊重、不记小仇等道理。
3. 在小组合作表演中,教会学生相互合作、自我展示的技能。
4. 培养学生解决人际交往方面问题的能力,探究与人相处的妙方。

【学生实态】

学生生活背景:

本班现有42名学生,其中独生子女39人。他们身居深圳这个新兴的移民城市,深受家庭环境、社会环境等因素的影响,其生活习惯、个性不尽相同,存在着唯我独尊、性情孤傲、我行我素等个性问题,导致他们在过去两年的集体生活中有过不少的矛盾和冲突,这为本次教学提供了很好的素材。

本课内容与他们日常生活紧密相连,学生亲眼目睹、亲身体验的真实事例很多,想要说的话题太多了。因此,课题一提出,学生表现异常活跃。

【教学预备活动】

1. 学生收集同学相处的生活照片、文字资料,调查父母、邻里相处的情况。
2. 教师捕捉学生在学校生活中的照片或录像资料,联系社区物业管理公司,了解居民相处的现状。

【活动过程】

活动一 回味生活 感受快乐

教材中提供的只是虚拟学生某个生活情景的范例,因此呈现一组学生学校生活的画面,更加入情、入境,让学生产生共鸣,激起了对学校生活的热爱,这正是引入本堂课的最好契机。

师:同学们,教师今天要给大家看一样特别的东西(过去参加活动以及课余生活的录像),看完后可要把你的感受告诉大家哟!

生1:我感到很兴奋,因为我看到自己了。

生2:看到过去养蚕的事情,我很快乐。

生3:我非常幸福,也很意外,没想到老师会把我过去生活都录下来了。

生4:我觉得学校的生活很快乐,到处充满了阳光和欢笑。

师:从大家脸上,老师看到了你们的快乐,多幸福的童年生活呀,真让我羡慕,下面,请各组再轮流看,找到快乐的自己吧。

(学生兴趣盎然、争先恐后地参与活动。)

活动二 走进生活 叙说故事

学生之间相处的时光有欢乐,也有忧愁。其中有许多隐藏在内心深处的故事,此时让学生说出来,可以不断丰富他们的情感。

师:友情就像这牢牢拧紧的绳(出示准备好的绳),分也分不开。请说说你和同学、好朋友之间曾经有过的美好故事。

生1:一次我生病了,好朋友罗诚灏把书包送到我家中。

生2:上回,我的钢笔没水了,潘俊良发现后立即借一支笔给我。

生3:谭钜源的手摔断了,我每天上学、放学都帮他背书包。

师(追问):生活中,难免会有磕磕碰碰、闹别扭的时候,谁来说说你和同学间曾经有过的不愉快?

生1:去年王艺丹下楼梯时推了我一把,我狠狠地骂了一句脏话,一星期都没理她。

生2:涂倩经常一会儿跟我玩,一会儿跟别人玩,我觉得她对朋友不够真心,心中有些不愉快。

生3:上次林诚浩动手打了一年级的同学,我告诉了老师,他后来就不理我了。

生4:我还听妈妈说,大人有时也会有矛盾,我们楼上的浇花时水经常溅到楼下的衣服上,楼下的王阿姨常半夜破口大骂,让人睡得不安宁。

(此时,教师成了真正的观众,面对他们真情描述与人相处的情形,教师被深深地震撼了,小小年纪竟能够触及社会中大人相处的话题,真是后生可畏呀!)

活动三 体验生活 模拟表演

在激情叙说的基础上,充分调动学生积极性,发挥其想像和创造力,引领他们随意选择好友组合的方式,去模拟表演,提升自我。

师:同学们敢于直面生活中的问题,令老师佩服。下面,我们自由选好朋友,分成几个小组,合作表演,好不好?

生(情绪躁动、兴奋,忙着找朋友分组):好!好!

师(趁机问):请各组派一名代表上来采摘气球,按要求排演剧本。

各小组分别找场地演练,准备上台竞技。

其中两个小组的经典花絮：

第一组：当演到"大家突然发现昨天生病的一个同学没来进行经典诵读时"，有的做着打电话的姿势，有的做着提水果篮的动作，有的露出焦急的神情，还有的在犹豫，仿佛以前发生过小摩擦似的。

第五组：当表演"女同学正高兴地跳绳，突然闯进来两个调皮的男同学时"，随即展开了激烈的讨论，一方坚持让男同学参加，认为对他们进行教育就可接受，因为这样有利团结，就像家里爸爸妈妈要团结一样；另一方仍然在讨厌男同学，因为觉得他们平时总捣乱，破坏了班级的团结。

大家各抒己见，其他组学生也不知不觉加入了讨论的行列。

（表演更符合学生好动的特征。结合学校教育特色和学生生活实际，选气球演剧本，这一实践活动，加之开放的组合方式，学生全体参与，其乐无穷，在玩中接受了品德教育，也培养了应对能力。）

活动四　感悟生活　不断探索

几番畅谈、游戏与表演活动后，以书写爱心友情卡的形式，抒发自己对朋友、对同学的情怀、祝福或忠言，在全班同学间架起一座友谊的桥梁，营造一种互爱的气氛，愉快结束教学。

师：同学们的精彩表演，让我看到了友好的曙光。如何与同学友好相处呢？你想对心中的朋友说点什么，是祝福、忠告，还是请求他的谅解。就写在爱心卡上吧。（播放歌曲《朋友》。）

学生回原位，动笔书写，教师巡视并有针对性地指导。

师：最后，让我们一吐为快，吐出你对朋友的呼唤吧，也祝福你们在今后的学习生涯中，结交到更多的好朋友。

（学生一个个情绪激昂，纷纷上台投影自己的话语，有真诚祝福朋友的，有道歉的，还有告诫同学们不要小心眼、记仇的。实话实写，实话实说，真情对碰。在美妙的歌声中，在互送爱心卡的情境中，学生们更感到现代独生子女要与人相处的必要性。）

【课后实践】

课后深入到低年级的小弟弟妹妹及社区居民生活中，积极宣传以诚相待、彼此宽容、善待他人、友好相处的快乐，争做学校和社区的"和平小卫士"。

【教学反思】

这课教学活动设计，教师力求尊重学生生活，铺设一种平等、开放式的课堂学习环境，选择学生生活中感兴趣的、有价值的话题，通过对话、故事、表演等体验活动，不断延伸和探讨主题内容，不断升华学生情感。教师教得轻松，学生也学得轻松、愉快而又不乏激情。

附：六个小组抽签合作表演的内容：

第一组："弟子规，圣人训，首孝弟，次谨信……"经典诵读声正琅琅悦耳，突然教师发现昨天不舒服的小强没来，大家也停了下来：他一定生病了，怎么办？放学后，大家纷纷行动……

第二组：用"伙伴"开火车接力时，小组前面的同学一个接一个说着，当轮到第6个同学时，她却接不下来。是责怪她笨还是……

第三组：背诵《大学》第一小节的第二部分。

第四组：一个星期天的早上，几个好朋友正在踢球，突然球把一位奶奶家的玻璃打碎了，怎么办，是诚实地告诉教师、家长，还是撒谎……

第五组：女同学正高兴地跳着绳，突然两个男同学闯了进来捣乱，怎么办？

第六组：学校组织爬山时，一个同学意外扭伤了脚，小明、小强回头一看，这不正是上次说自己坏话的小家伙吗？是记小仇还是……

（深圳市卓雅小学　赵小丽）

我心中的教师

【设计理念】
　　新课程倡导关注学生的成长,发展学生的内心世界和主体人格。那么,教学内容和形式就要贴近学生的生活,反映学生的需要,让他们用自己的眼睛观察社会,用自己的心灵感受社会,用自己的方式研究社会。本活动课的设计正是以此为依据,通过学生的眼睛看教师,学会与教师交往。整个设计注重对学生的关注和尊重,注重营造民主的教学氛围。

【教学目标】
　　1. 通过多种形式了解学生心目中教师的形象,加强师生之间的沟通,增进师生之间的感情。
　　2. 引导学生清楚地表达自己的感受和见解,能够倾听他人的意见。
　　3. 在活动中培养学生的想像力。

【教学预备活动】
　　1. 学生实态:
　　三年级的学生内心世界非常丰富,他们会把教师的一言一行尽收眼底,并有自己独特的看法。其实他们非常渴望跟教师交流、沟通。教师应该多给学生创造平等对话的机会,让师生之间进行心与心的交流,从而彼此相互理解,相互信任。
　　2. 课前准备:
　　(1) 学生通过访问活动,了解教师的工作情况,准备一些送给教师的鲜花。
　　(2) 教师制作电脑课件,歌曲《长大后,我就成了你》,背景音乐《秋日私语》。
　　(3) 教师在课前与学生沟通,了解学生的想法;准备愿望树;邀请各科老师。

【活动过程】

活动一　教师,让我告诉你

活动内容:画画,发挥想像力,用水果、动物比喻教师,说出心中教师形象。
活动目标
　　1. 通过学生绘画,培养学生的想像力。
　　2. 了解学生心目中的教师形象,为师生沟通打基础。
　　3. 学生清楚表达自己的画,同时学会倾听。

活动步骤

1. 学生画画,发挥想像力将教师比做动物或水果,画出心中理想的教师形象。
2. 小组交流自己的画,再展示自己的作品,并讲出理由。(我心中理想的教师像……一样,我喜欢……)

活动方式:学生画想像画、相互交流,展示作品,畅谈作品。

活动二 请听我说

活动内容:学生对教师说心里话,学生倾听歌曲《长大后,我就成了你》
活动目标

1. 培养学生表达自己情感的能力。
2. 师生互说心里话,加强师生之间的沟通与了解。

活动步骤

1. 师:在同学们的心底深处,或许有许多的话要对老师说,也许说不出口或不敢说,现在老师就坐在大家的对面,你们可以大胆说出自己的心里话。老师会静静地倾听。(可对学生提示:老师最可爱的地方是什么,最需要改进的地方是什么,最不喜欢教师规定是什么。)
2. 学生对教师说出心里话。
3. 通过歌曲《长大后,我就成了你》,学生倾听教师的心里话。

活动方式:谈话、倾听歌曲,师生用心体会。

活动三 老师,我想送给您……

活动内容:学生赠送鲜花,对教师说一句祝福语。
活动目标

1. 通过赠送鲜花,进一步增进对教师的感情。
2. 学会表达心中的想法。

活动步骤

1. 师:今天,同学们带来了自己喜欢的鲜花,说想趁此机会用花来表达对教师的爱,鲜花传达了大家的心意,是你们对教师的祝福。送花之前,能告诉我,你们为什么会选择这样的花送给教师。(学生谈想法)
2. 学生送花给教师,并对教师说一句祝福的话。

活动方式:送花,祝福。

活动四 教师,我想偷偷对您说……

活动内容:学生给教师写悄悄话,挂到愿望树上。
活动目标
通过愿望树,进一步体现民主、融洽的师生关系。

活动步骤

1. 教师与学生一起展示愿望树师。

师：这棵愿望树能实现我们的愿望，我相信你们还有一些不想让别人知道的想法要对老师说或有很多愿望需要老师帮助你们去实现，那你可以将它写出来，挂到愿望树上，老师一定会尽力帮助你们，这也是老师的心愿。

（学生写悄悄话）

2. 学生将写好的愿望挂到愿望树上。

3. 教师总结，提出美好的愿望。

师：小小的愿望树上挂满了同学们的愿望，课后老师会把这些愿望都装在心里，老师会尽最大的努力实现同学们的愿望。我更希望老师与你们之间能够加深了解，彼此信任，共同进步。

活动方式：背景音乐、愿望树、写悄悄话。

【课后实践】

1. 学生通过各种途径查找关于教师的资料，如学校的发展、教师职业和教师节的由来，了解本校教师日常生活和工作情况，在全面认识教师的基础上尊师重教。

2. 教师根据学生的合理愿望进行自我反思，并跟学生交流、沟通。

【教学反思】

铃声悄然飘进教室，学生们似乎全无察觉，他们用心地把自己的悄悄话挂上愿望树，眼里满是渴望的神情。过去，教师习惯于用"教育者"的眼光俯视学生，严肃、冷漠、高高在上，使学生难以接近，更别指望能对教师说出心里话了。而今天，学生感到了前所未有的快乐，学生们感动了，老师们流泪了。此时教师领悟到，只有尊重学生才能真正赢得学生的尊重和爱戴。

（深圳市向南小学　任继红）

我们遵守规则

【设计理念】

儿童期是学生品德行为与社会性发展的关键阶段,教育必须从儿童发展的现实和可能性出发。本课体现了新课程标准精神:帮助学生初步形成民主、法制观念和规则意识,了解一些社会组织机构和社会规则,初步懂得规则、法律对于学校生活及社会生活的重要意义。

【活动目标】

1. 初步建立规则的概念,认识规则的普遍性,养成自觉遵守规则的态度。
2. 树立规则意识,理解规则的必要性,懂得人们的生活离不开规则。
3. 体验制定规则的过程,理解规则是人们共同制定的。
4. 在原有的生活基础上,加深自己对遵守规则的认识并养成自觉遵守规则的习惯。

【教学预备活动】

1. 学生实态:

(1) 本班学生个性很强,参与课堂活动的热情和积极性很高,班集体的荣誉感很强。在每次学校举行的各项活动中都曾取得过很好的成绩。但他们在遵守纪律方面表现比较散漫。为了形成良好的班风,教育学生从《小学生行为规范》入手,强化学生的文明礼貌及日常行为显得尤其重要。

(2) 三年级学生有了明辨是非的能力,他们在处理问题及做事等方面都有自己的主张。

2. 课前准备:

(1) 收集小学生行为规范、交通规则条例、公共交通规则、环保要求等资料。

(2) 利用幻灯片、网络查找资料、图片。

(3) 学生收集关于各种活动场所的条例要求。

【活动过程】

本课活动分为"生活中处处有规则"、"规则是怎么来的"和"我要守规则"三个活动课时:

活动一 生活中处处有规则

序号	活动主题	活动目的	活动方式	学生活动预测	活动引导预案
1	明晰规则	了解规则的含义	个体发表意见，阐明观点	学习方式贴近生活	引导学生活动
2	探究规则	明确规则重要性	小组讨论探究	围绕资料展开活动	相机点拨
3	应用规则	认识规则的实用性	小组合作探究	结合体验去感知	在感性认识上相机指导

活动二 规则是怎么来的

序号	活动主题	活动目的	活动方式	学生活动预测	活动引导预案
1	游戏引入	规则产生的原因	游戏入手，激趣激情	积极参与	教师引导
2	探究活动	规则产生的条件	案例分析设计规则	贴近生活	协助活动安排
3	体验活动	规则产生的意义	参与活动切身感受	亲身感知	指导参与

活动三 我要守规则

序号	活动主题	活动目的	活动方式	学生活动预测	活动引导预案
1	自检	提醒自我	填表对比	正确认识	自我评价
2	交流	督促自我	小组活动	学习感悟	相互沟通
3	总结	提高自我	个体概述	思想提升	感知深化

【课后实践】

1. 结合班级实际情况制定班级环保公约。
2. 修订、实施班级环保公约。

【教学反思】

1. 学生在活动中能正确处理好角色的定位，明思明辨，参与的积极性很高。他们在说、想、做、演等活动中提升了自我表现能力，从生活小事入手去探究规则的由来及重要意义。

2. 在整个学习活动中，教师只是个引导者，努力为学生们搭建学习平台，把活动的时间、空间充分地留给学生，让他们在主动参与的过程中学会学习，学会探索，学会沟通，学会合作。

（深圳市前海小学 孔令丽）

为我们生活服务的人

【设计理念】
　　本教学活动设计突出三个特点：生活性，即引导学生在生活中发展，在发展中生活；开放性，即课堂活动场所从教室扩展到家庭、社区；活动性，即学生直接参与实践活动，使道德行为源于学生对生活的体验、认识和感悟，引发他们内心的而非表面的道德情感。

【活动目标】
　　1. 通过调查活动和讨论，使学生了解我们生活中从事各种工作的人们，并对他们产生崇敬之情。
　　2. 通过了解不同职业的人们，感受从事任何一种职业的人们都在为社会贡献自己的智慧和力量，并与别人分享自己的劳动成果。

【教学预备活动】
　　1. 学生对自己熟悉的人所从事的职业进行调查或考察（提供调查表）；
　　2. 学生自己选择一种职业进行体验（提供体验小报告表）；
　　3. 学生通过上网，查找自己无法直接了解的那些职业的生产生活资料。对农民的生产活动、清洁工的工作艰辛、工厂里工人的工作内容等有所了解。
　　4. 学生亲自去调查一种或几种职业人员的劳动或自己亲身参加劳动；体验一种职业人员的劳动或自己亲自实践，填写体验小报告。
　　5. 教师收集有关农民种田、消防队员救火、清洁工人打扫街道、工人生产等图片或视频资料；

【活动过程】

活动一　了解为我们生活服务的人有哪些

　　先让学生唱歌为激发课堂气氛做准备，同时也让学生感受到劳动是快乐的。再让学生分别说说自己的父母是干什么工作的。学生相互交流后，了解到许多家长在做着不同的工作。
　　（将学生分成若干学习小组）
　　师：请大家唱一唱《我是一个理发匠》这首歌曲好吗？
　　生合唱。

师：能不能告诉老师你们的父母是干什么工作的？
生：我的爸爸是工人。
生：我的妈妈是售货员。
师：你们说得都很好。你们的父母都是普通的劳动者，他们用自己的双手和智慧在为我们大家的生活服务。每一个辛勤劳动的人都是值得我们尊重的！

（这一活动环节的学习使学生了解了许多职业。小组合作学习方式给了学生一个宽松的自由交流的空间。学生在这种情境下畅所欲言，气氛十分热烈，使他们乐于进行深入的学习。）

活动二　了解不同职业的工作性质和劳动成果

利用多媒体把一些人的工作情景演示出来，让学生直观感受不同职业的工作性质和劳动成果。媒体演示：清洁工、警察、邮差……
师：你知道他们都是怎么工作的吗？
生：我知道清洁工阿姨早上很早就起床打扫大街了。
生：我也知道，警察叔叔一天不停地在街上巡逻，抓坏人。
生：我有一次到妈妈的工厂，看到好多工人在生产线上忙。
师：你们讲得很好。不但了解了自己父母的工作，而且也了解其他人的工作。
师：课前我们都调查了一些工作的人们。请拿出自己的调查表，向别人说说自己调查的是什么人，做的是什么工作，每天工作的时间，为谁服务，他们从劳动中得到了什么。

生相互交流，老师也与个别小组的学生进行交流。
师：你认为我们的生活中离不开的人是谁？你的理由是什么？
生：我认为最离不开的是清洁工，如果没有他们打扫卫生，地上就会很脏。
生：我认为最离不开的是理发员，如果没有他们，我们的头发都和女生一样长了，会很难看的。
生：我认为最离不开的是警察叔叔，如果没有他们，社会上就会有更多人偷盗、抢劫。
生：我认为最离不开的是老师，如果没有老师就没有人教我们学习知识。

（这一环节的探讨，让学生从别人的调查中知道了各行各业都是我们生活中不可缺少的职业，也唤起了学生对从事各种工作的人尊重的情感。）

活动三　体验不同的工作和劳动的辛苦

学生按照自己选择的工作，在课堂内进行模拟体验活动与角色表演，让学生从自己所熟悉的职业选取对象进行模拟表演，既能活跃课堂气氛，又能让其他学生直接感受劳动的辛苦。

学生表演修鞋匠、小小交警、小小售货员。

师：同学们已经知道各种劳动都是辛苦的,我们今后要以实际行动尊重每一个劳动者。大家谈谈该怎么做呢？

生：我们要讲究卫生,不乱丢垃圾、果皮、废纸。

生：我们要遵守交通规则。

生：我们要爱护花草树木

生：我们要珍惜每一粒粮食。

（这一环节采用了学生表演话剧的方式,把感受建立在体验的基础上。学生积极投入表演,培养了学生对劳动辛苦的深刻认识。）

【课后实践】

给自己最尊重的劳动者写一篇短文或画一幅画(其他形式也可以,如写小诗等)。

【教学反思】

本节课的活动方式：采用课前调查、体验——课堂讨论、模拟体验——课后实践、体验这三大步骤。整个活动过程体现了以下特点：

1. 注重学生直接参与学习活动、游戏和其他实践体验活动,把主动权交给学生。

2. 把学生的学习从教室扩展到家庭、社区及其儿童的其他生活空间。

3. 拓展学习(课后实践)的设计,给学生一个自由发展的空间。作业的形式不格式化,不固定,不具体。学生易于发挥,能各展其能。

（深圳市海湾小学　李守江）

友爱残疾人

【设计理念】
　　通过六个活动环节的设计,让学生了解一些社会公益活动;了解社会福利机构和设施;体会社会对残疾人等弱势人群的关怀;激发学生对弱势人群的同情心和爱心,并以实际行为尊重他们,帮助他们。

【活动目标】
　　1. 尝试体验残疾人日常生活中的困难,理解残疾人的生活不便,懂得他们比普通人更需要关爱。
　　2. 了解社会生活中各种为残疾人设置的设施,学会对残疾人表达关爱的方式。
　　3. 增进对残疾人的同情心和爱心,并懂得友善对待弱势群体,把光和热洒播到他人心田。

【教学预备活动】
　　1. 学生实态:
　　经历了一、二年级的学校生活,大多数三年级学生具有群体意识,能够适应校园集体生活,习惯与朋友、教师以及学校中的各类人员相处。
　　本校学生虽处于经济发达的深圳特区,但家庭条件多数不够理想。学生父母因现实问题不得不为生计奔波劳碌,学生对爱的渴求促使他们易于接受爱的教育,更乐于帮助需要他们关怀的人。
　　2. 课前准备:
　　准备模拟活动所需要的简单材料,文本资源和媒体资源。

【活动过程】

活动一　导入

　　师:同学们,当你行走在大街小巷,当你漫步在络绎不绝的人群中,你常常会发现有这么一类人,他们或者双目失明,或者肢体残缺,你们知道人们对这类人是怎么称呼的吗?
　　学生举出残疾人的例子
　　师总结归纳:残疾人就是身体的某个部分有残疾的人。

活动二　观看录像

活动主题：特殊的人群

活动目标：感知弱势群体的特殊性

活动方式：多媒体播放有关残疾人活动的录像，学生观摩。

（观摩录像虽不如亲身体验那样能获得深切的感受，但从视觉上获取的信息能让学生感受到残疾人身体及动作的不协调，从而唤起他们对残疾人的关注和同情心。）

活动三　体验活动

活动主题：不便的生活

活动目标：感知弱势群体实际生活中的困难

活动方式：将学生分组，分别进行不同的模拟活动，可以是单手穿上衣、蒙眼走路、用手势向别人表达一件事、用拐杖走路等等。（每个小组模拟一项活动，保证每个学生都有机会。）

（通过模拟活动使学生获得亲身体验，以此为基础，引发他们对残疾人的尊重、友爱和同情。）

活动四　畅谈感受

活动主题：难言的痛楚

活动目标：理解弱势群体心灵深处的苦痛

活动方式：组内交流在模拟活动中获得的感受和体验；组长记录和总结；全班交流。

（伙伴间相互交流自己的感受和体验，同情与友爱从心与心的碰撞中产生，从而达到情感的共鸣。）

活动五　学会关爱

活动主题：爱的表达

活动目标：学会关爱需要关爱的人

活动方式：给每个小组发一张"爱心卡"，学生以小组为单位，把自己想对残疾人说的话写在"爱心卡"上。在写的过程中，多媒体播放歌曲《爱的奉献》；每个小组选出一名代表，向全班同学展示自己小组的合作成果。

（写"爱心卡"的方式易于拉近学生和残疾人之间的距离，让学生感觉到残疾人似乎就在自己身边，关爱他人的情怀容易在此时表现得淋漓尽致。）

活动六 诵读诗歌

活动主题：爱的呼唤

活动目标：升华感情

活动方式：课件展示诗歌《小盲女》，由教师朗诵全诗。（诗中抒写了小盲女对于光明的渴望和对于美好生活的向往，抒发了作者对小盲女的关怀和同情）。集体朗读全诗，再次播放歌曲《爱的奉献》。

（这一部分是课堂的高潮。通过朗诵诗歌使学生走进诗人的内心世界，进而感受到尊重和关爱弱势群体的意义。"让世界充满爱，让每个人的心灵洒满阳光"是大家共同的心愿。）

【教学反思】

1. 教师在课堂教学活动过程中关注学生的学习态度和学习方法：

（1）注重学生成长中爱的教育。

（2）培养学生学会接受爱、表达爱的能力，为学生提供博爱情怀的舞台。

2. 学生表现：

（1）能够积极、主动地参与课堂活动；

（2）了解到社会对残疾人的关爱；

（3）懂得表达爱的方式，愿意尽力为残疾人做一些事情。

（深圳市南山小学　潘倩芳）

我做贺卡送祝福

【设计理念】

本活动设计体现了新课程标准精神：教育学生负责任、有爱心的生活，能用自己的方式爱父母、长辈，对帮助过自己的人心存感激之情，能为解决问题提出自己的看法或建议，能熟练使用信息技术工具。

【活动目标】

1. 热爱生活，并富有生活情趣。
2. 乐意对周围的人表达自己的祝福。
3. 懂得通过送贺卡来感激别人、祝福别人。
4. 掌握做电子贺卡和发送电子贺卡的方法。
5. 能够与人愉快合作，做有意义的事情。

【教学预备活动】

1. 教师：

（1）收集自己曾收到的精美贺卡，包括学生送自己的贺卡以及通过电子信箱收到的新颖别致的贺卡。

（2）准备电子贺卡制作步骤的幻灯片。

2. 学生：

（1）回忆在成长过程中，养育、帮助过自己的人。（准备有关的图片资料等）

（2）搜集亲朋好友的电子信箱。

【活动过程】

本活动分为"点点美好的回忆"和"我做贺卡送祝福"两个活动。

活动一 "点点美好的回忆"设计

序号	活动主题	活动目标	解决问题	活动方式
1	激情导入	调动学生的情绪	激发情感	教师谈话
2	点点美好的回忆	回忆帮助过自己的人和事，感受人与人之间的美好感情	学会感激别人，形成正确的人生观	学生个别交流
3	表达感激之情	尝试用多种方法表达自己的感受	学会与人合作，锻炼表达能力	小组讨论
4	我们的方案	确定最佳的表达方式——做贺卡	学会倾听别人的意见和建议	全班交流

活动二 "我做贺卡送祝福"设计

序号	活动主题	活动目标	解决问题	活动方式
1	贺卡展示	感受电子贺卡三维、互动、环保等特点	激发学生的活动热情	师生交流
2	方法指南	掌握制作电子贺卡的方法	掌握技巧	教师操作演示
3	我的巧巧手	利用"非常好印"制作电子贺卡	动手能力	学生各自独立操作完成
4	美好的祝福	通过朗诵祝福语激发学生的美好情感	语言表达能力	全班展示交流
5	送去我的祝福	感受祝福别人的幸福，掌握发送电子贺卡方法	情感表达方式与能力	教师演示之后，学生发送自己制作的贺卡

【学习评价】

教师评价：

1. 观察：教师观察学生在活动中的各种表现，及时给以鼓励性的综合评价；

2. 作品分析：通过学生活动成果——电子贺卡的分析评价，了解学生活动过程和进步情况；

3. 访谈：设计问题"通过这节课，你明白了什么，学会了什么？"，掌握教学目标的落实情况。

学生评价： ☆☆☆☆☆

项目	自我评价	小组评价
学会感激别人		
乐意对周围的人表达自己的祝福		
能为解决问题提出自己的看法		
能与人愉快合作		
掌握制作电子贺卡的方法		
学会发送贺卡		

注：自我评价：学生根据自己在活动中的具体表现，按 A、B、C、D 四个等级进行评价。

小组评价：小组成员结合每个组员的具体表现，在组长的负责下，小组评议，按A、B、C、D四个等级对每个人进行比较客观的评价。

评价标准：

A	完全达到了项目中每一项的要求，并在活动中表现突出。
B	基本达到了项目中每一项的要求，并在活动中有一定的进步。
C	在组员的帮助下，经过自己的努力，基本达到了项目中每一项的要求。
D	对照项目的要求，目前尚达不到要求，还需要努力。

【教学反思】

现在的学生大多数是独生子女，他们思维活跃，善于接受新事物。但是，由于他们受父母与家人的过分呵护，养成了唯我独尊、自私自利等不良品质，感受不到别人对自己的关心和爱，一切被视为理所当然。这样的心理状态，对于他们的健康成长非常不利，因为未来社会，需要的是人与人真诚地合作，互相关怀。通过这次活动，学生们学会了感受别人的爱心，更懂得了每天都应心存感激的生活。

(深圳市南山实验学校　王卫宁)

爷爷、奶奶好

【设计理念】
　　思想品德课是以儿童的现实生活为基础,以培养品德良好、乐于探究、热爱生活的儿童为目标的活动型课程。要达到课程的总目标,就得摈弃传统的教学方法,紧密联系学生的生活实际,通过开展一系列有目的的活动,让学生在活动中得到感受、体验、探究和感悟,并从中进行情感交流,养成良好习惯。

【活动目标】
　　1. 通过老、少两代的沟通,使学生了解爷爷、奶奶。
　　2. 学会尊敬、关心爷爷、奶奶,做让爷爷、奶奶高兴的事。
　　3. 让学生和爷爷、奶奶更多地接触,促进学生身心健康成长。

【教学预备活动】
　　1. 学生实态:
　　在今天的社会,独生子女越来越多,有些学生不懂得不孝敬父母亲,不尊重老人,他们在老人面前只知索取、撒娇、任性,支使老人为自己做事,有时还嫌老人动作迟缓,爱唠叨等等。因此,本教学活动的设计体现了情感教育的要求。
　　2. 课前准备:
　　(1) 学生准备家庭生活照片。
　　(2) 学生采访爷爷、奶奶。
　　(3) 与家长联系,请一部分老人到校与学生活动。
　　(4) 教师制作相关课件。

【活动过程】

活动一　夸夸爷爷、奶奶

　　目的:
　　创设一定的情境,让学生初步感受爷爷、奶奶的爱,并表达出对爷爷奶奶的爱和尊敬。
　　操作:
　　1. 情境导入。
　　教师高兴地走进教室说:同学们,你们看今天我们教室来了哪些客人呀?
　　学生见到爷爷、奶奶,都露出欣喜之情,这时,教师相机导入活动课题"爷爷、奶奶好"。

2. 夸夸自己的爷爷、奶奶。

让学生展示自己与爷爷、奶奶的生活照,可以说一说爷爷、奶奶在学习上或生活上对自己的关爱,也可以介绍爷爷、奶奶的生活。

3. 分组讨论,总结,汇报。

教师小结:我们的爷爷、奶奶都曾年轻过,他们为我们的社会、家庭作过巨大的贡献。请同学们统计一下,一天之中,我们的爷爷、奶奶究竟为我们做了多少事?

学生分组讨论、总结,然后由各组派代表汇报结果。

(家庭是孩子的第一所学校。学生在收集资料的过程中,就是一种生活体验,同时还与老人有了互动沟通。学生通过对长辈的"采访",开始了解长辈并从心底由衷地敬佩自己的爷爷、奶奶。这源于生活的一个很普通的道理:爱,是因为了解。)

活动二 孝敬爷爷、奶奶

目的:

让学生观看两组课件,通过比较,明白事理。并通过四人小组的情景剧表演,培养学生孝敬爷爷、奶奶的习惯。

操作:

1. 比较观察。老师分别出示课件(1):欢欢在家关心爷爷奶奶,一家人都非常喜欢他。课件(2):淘淘对长辈缺乏礼貌,经常惹爷爷奶奶生气。引导学生观察二者行为的不同,并发表自己的看法,懂得在生活细节上留心、以学习上用心即是对爷爷、奶奶的爱。表格:我们可以做哪些让爷爷、奶奶开心的事?

场景	我们应该怎么做
爷爷、奶奶累了	
爷爷、奶奶生气了	

2. 表演情景剧。学生以四人小组为一个家合作表演如何孝敬老人的情景剧,加上动作、对话。请两三个比较突出的小组上台展示。

(打破教材中平铺直叙的手法,以对比课件的形式让学生自由说说对淘淘、欢欢的看法,在不知不觉中明理。表演是学生喜闻乐见的教学形式,对学生有很大的吸引力。在教学中,教师根据教材内容,结合社会生活实际组织学生表演,他们会情不自禁地融于直接的体验中。这种模拟、体验,往往能使学生的道德认识得到升华。)

活动三 和爷爷、奶奶同欢乐

目的:

让学生和爷爷、奶奶互动交流,体验天伦之乐,促进学生身心健康成长。

操作:

1. 爷爷、奶奶的小秘密。请出五个学生和其爷爷、奶奶参加活动,由其他学生和家长提供有关爷爷或奶奶的生日、爱好、特点等问题,让家长与学生同时在面板上写出答案,答案相同的,奖给一颗"红心"。

2. 跟爷爷、奶奶说说心里话。让学生对爷爷、奶奶说出自己的心声,感谢爷爷、奶奶对自己的关爱,让笑容永远在爷爷、奶奶的脸上绽放。

（游戏是一种潜移默化的体验。学生在快乐的游戏中轻松地体验到道德知识,感悟到与爷爷、奶奶之间的感情,并进一步体会到孝敬老人的快乐。）

【课后实践】

在一周以内,把每天为爷爷、奶奶所做的事填入"爱心"表里,并请爷爷、奶奶写上评语。

（联系家庭,形成家校合力,是提高品行训练实效的好方法。）

【教学反思】

新课程强调体验性学习,即学生自己亲身经历生活,用自己的心灵去感悟生活。教师让学生收集资料并向大家介绍自己的爷爷、奶奶,就是对生活的体验和感悟。很多学生得到了家人的帮助,那是一种良好的沟通方式,为教好本课活动打好了基础。学生体验到与爷爷、奶奶在一起的快乐,并享受到成功的喜悦,如"我会孝敬老人"的四人小组,学生的表演情绪高涨,有些学生学会用长辈的口吻说话,或多或少地体会到老人的心,这很难得。通过四人小组合作表演,展示出学生对老人的理解、对生活的感悟,甚至把对自身经历的反思融为一体。学生通过自编、自导、自演、互评的形式,不断对照自己的言行,实现生生互动的自我教育目的。实践证明,在实践中体验,在体验中感悟是品德与社会课的有效教学方式。

（深圳市育才一小 朱红玲）

社区少先队员

【设计理念】

社区是人们生活的地方,通过引导学生观察社区生活的方方面面,了解少先队员社区活动的意义,加强作为社区成员的主人翁意识,培养少先队员小主人的态度和责任感;通过少先队实际参与社区活动,增进对社区的情感;学会从既定目标出发,为完成任务做好准备活动。

【活动目标】

1. 体验社区环境、设施与居民生活的密切关系,感受到自己是社区的一员。
2. 树立关心、爱护自己社区的情感和态度。
3. 学会与人交流、合作的方式,学会有计划,有目的地做事。
4. 学习策划和积极参与社区服务的活动。

【教学预备活动】

1. 课前收集有关社区的资料;
2. 收集我国其他一些地方社区少先队的活动图片;
3. 了解成人是怎样建设社区环境,丰富社区生活的;
4. 了解社区少先队员都能做哪些力所能及的事情;
5. 各小队"社区少先队"活动设计预案。

各小队指定的"社区少先队活动计划"表:

活动内容	活动步骤	安全措施	活动时间、地点	活动评价

【活动过程】

活动一 做一名"社区少先队员"

让学生通过图片了解社区少先队。教师可以向学生介绍社区少先队,鼓励学生也要进行一次社区少先队活动,为自己的社区做一些力所能及的事情,做出自己的贡献。
活动目标
  1. 培养学生有计划,有目的地做事的习惯。
  2. 使学生学会与人交流、合作的能力。
  3. 使学生发现问题、解决问题的能力。
活动步骤
  1. 导入
  教师(提问学生):你们听说过社区少先队吗?听说过社区少先队的活动吗?
  接着,教师请学生自由发言。教师可以向学生介绍社区少先队,告诉学生也要进行一次社区少先队活动,为自己的社区做一些力所能及的事情,做出自己的贡献。这时,教师随机展示我国其他一些地方社区少先队的活动图片。
  2. 明确任务
  教师(引导):在课前,同学们设计一些好的活动计划,我们的社区少先队活动就是要把这些计划付诸于行动。
  教师提醒学生,要把计划变成现实,需要付出许多努力。首先,应该做好活动的准备工作。请每个小组简单说一说他们的计划是什么,需要做哪些准备工作。教师要根据事先了解到的情况和考虑,帮助每个小组明确他们应该做的准备工作是什么。
  3. 小组准备
  各个小组为实施计划做准备工作,比如制作废电池回收箱、社区环保宣传、为残疾人献爱心、列出需要帮助的老人名单及家庭地址、列出有乱写乱画痕迹而需要清洗的详细地方等。
  4. 全班交流
  每个小组向全班介绍自己的计划内容,以及今天都做了哪些准备,其他同学和教师就此提出补充意见,鼓励学生实施活动。
  5. 教师总结
  鼓励学生将计划付诸实施。

活动二 了解社区

活动目标
  1. 社区是人们生活的地方,了解和认识社区是增强学生对作为社区一员的归属感。观察社区生活的方方面面,并且通过实际参与活动,培养社区小主人的责任感。
  2. 能够进行简单的调查活动,能够在讨论中发表自己的意见和看法,能够观察社区中的人和事,并对其做出初步的判断和分析。
  3. 能策划或积极参与为社区服务的活动。
活动步骤
  1. 各小组在小队长带领下开展调查活动。
  2. 合作写出调查报告。

3. 各小队按活动计划开展活动。
4. 合作写出活动报告或活动体会。

活动三 "我们是社区少先队"活动成果汇报

各小队汇报交流活动体会,展示活动成果。

活动目标

1. 通过汇报交流体验社区环境、设施与居民生活的密切关系。
2. 感受到自己是社区的一员,理解人与人之间相互依存的关系,养成关心、爱护自己社区的态度和热爱自己社区的情感。
3. 乐于为社区建设付出自己的劳动,培养社区小主人的态度和责任感。

活动步骤

1. 各小队代表汇报。
2. 交流。
3. 师生小结。
4. 活动评价。

活动评价表:

主题		时间		
项 目	自我评价(文字叙述该项做得如何)	平分方式(ABC)		
		自评	组评	师评
活动计划				
活动准备				
活动目标				
活动方法				
活动实施				
补救				
(1) 积极主动,大胆设计。
(2) 会交流、合作,不怕困难。
(3) 活动中的态度和行为。
(4) 主人翁的态度和责任感的体现。				
总评				

【教学反思】

"今天让我更懂得了关爱",这是一位学生通过"社区少先队员在行动——爱心大使"活动后的体会。学生们学习了《品德与社会》的第一单元《说说我们的社区》后开展了这一活动。他们有计划、有组织地自制捐款箱,利用两个周末走上街头为社区残疾人募捐,募捐后又与社区妇联组织取得联系,进行了捐款转交仪式。还请学校大队部辅导员、中队辅导员及大队部学生干部一起参加了他们组织的仪式。最后在班内进行了体会交流,并写出了感人的体会文章。深圳《南山日报》对此进行了报道,校内电视台也给予了宣传。二、四两个小队结合伊拉克战争走进社区进行了"热爱和平"宣传活动。一、三两个小队开展了"与孤寡老人共度美好一天"活动。中队结合"非典"又开展了剪报、写慰问信活动。

学生干部的工作能力在活动中成长起来了,学生的各种能力在这个舞台上展示出来了,了解和认识了社区,增强了学生对作为社区一员的归属感。通过观察社区生活的方方面面,实际参与活动,体验社区环境、设施与居民生活的密切关系,感受到自己是社区的一员,理解人与人之间相互依存的关系,养成关心、爱护自己社区的态度和热爱自己社区的情感,还培养了有计划,有目的地做事的习惯。

(深圳蛇口小学　尹海英)

各种各样的社区

【设计理念】

将班级学生按研究专题分为几个大组,分别负责几个专题的资料的搜集,分析等工作,引导学生用自己喜爱的方式展示学习成果,培养他们学习、分析和研究问题的能力。

【活动目标】

1. 了解我国各地风格各异的社区。

2. 开阔学生视野,让学生在对自己社区有所了解的基础上,进一步加深对其他社区的认识和理解。

【活动准备】

1. 让学生通过上网和到图书馆查找资料等方式搜集风格各异的社区图片或照片以及相应的文字资料。

2. 准备水彩笔、大白纸、电脑、教学演示平台。

3. 制作多媒体课件(演示全国各地的美丽风景)。

【活动过程】

1. 导入

师:同学们,你们想去各地旅游吗?现在教师就和你们去各处看一看,走一走,欣赏我国各地的美丽风光。

教师播放多媒体课件。

2. 小组合作整理有关资料,进行组内探究活动。

(1)分组。

我国地域广阔,民族众多,各地的社区也颇具特色。在上一节课,学生了解了自己居住的社区情况,这堂课学生要跳出自己的生活圈子了解其他的社区。课前,教师要求学生们搜集资料,然后请各组同学按照自己所搜集资料的情况,自愿组合成三个学习活动小组。小组人数根据班级大小和研究任务多少合理分配。

第一组:负责搜集我国风格各异的社区图片、文字、照片等。

第二组:负责搜集、分析我国社区受地理位置和自然条件的影响所呈现出来的特点。

第三组:研究各地的经济、文化特点对社区的影响。

(2)组内进行探究学习、问题分析、活动研究。

小组学生在活动过程中,组员与组员之间要互相协调、相互合作,做到既分工又合作、全过程参与,并及时进行组内学习过程评价。

第一组:按照城市社区、农村社区、少数民族社区分类,明确每类社区的特点和提出相关问题。

第二组:比较各类社区的不同之处及其差别的原因,分析各类社区之间的差别和其地理位置、自然条件的内在联系。

第三组:通过资料了解社区文化特点和形成原因,了解各类社区的风俗、建筑、饮食,并作介绍、说明。

3. 小组学习成果交流汇报。

学生们十分高兴地按照自己搜集资料的内容分成三大学习小组,然后把自己搜集到的资料与大家分享。学生你一言我一语,教室的气氛积极而又热烈。

教师趁机激励学生:同学们,经过大家的辛勤努力,我们基本完成了对各个专题的研究学习。现在请大家将各组的学习成果向班级同学汇报,以达到共同研究学习的目的。

第一组学生兴致勃勃地说:我们组查到的有6个社区,北京是以四合院为主,福建最有特色的是土楼,陕北的是窑洞,西藏的是碉房,内蒙古的是蒙古包,安徽的是五岳朝天。

(如果学生准备得很充分,接着他们会拿出搜集的图片,有蒙古包,有四合院,有窑洞,还有的是去亲戚家照的照片以及去旅游的照片。还会有邮票,邮票上有全国许多地方风格各异的社区,可以让学生们传看。)

第二组学生说:内蒙古人的住蒙古包是因为他们是牧民,哪里的草多他们就搬到哪里,蒙古包在搬家、装卸时十分方便。有的学生说四合院坐北朝南,所有房间里也能照到太阳;还有的学生说在山区就地取材,挖个窑洞,又省钱又省事,还暖和。

第三组学生说:客家人聚族而居。为了保护自己生存而独创的大土楼,至今仍在使用。四合院又叫"四合房",完全按照中国封建社会的礼制观念进行房间布置,体现出长尊卑幼的封建礼教与等级观念。

师:同学们通过上一节课的学习对自己居住的社区已经有所了解。那么,全国风格各异的社区,你最感兴趣的是哪一个?为什么?

教师记录学生们在课堂讨论中的部分发言。

生1:我最喜欢土楼王,妈妈告诉我,福建有闻名世界的客家土楼王"承启楼",被列为全国重点文物保护单位。据说明朝崇祯年间破土奠基,到清朝才完工,最多时住着600多人,现在还住着100多人呢,那么多人住在一起多有意思呀!我还搜集到一首民谣"高四层,楼四圈,上上下下四百间,圆中圆圈中圈,历经沧桑三百年",说的就是土楼王。

生2:我是北方人,我觉得最有特色的是四合院,中间还有个院子呢,小朋友可以在院子里玩耍。

生3:去年我和妈妈去内蒙古,看到那里的人住的是蒙古包,可有意思了,我喜欢住在那,住厌了想搬家就搬家,自由自在。

生4:我上网看到干阑式住宅是用竹、木等构成的楼居。它是单栋独立的楼,底层架空,用来饲养牲畜或存放东西。这种建筑隔潮,并能防止虫、蛇、野兽的侵扰。我喜欢这样的社区,它用的全是天然的材料,每家都是独立的,互不干扰。

生5:青藏高原地区的住宅用土或石砌筑,形似碉堡,叫碉房。碉房一般为2—3层。底层养牲畜,楼上住人。结构为一间一根柱形式,好像一把伞。

4.小组合作举办"房交会"

师:刚才同学们介绍了自己所搜集到的资料,现在各个小组选取有代表性的资料分工协作,贴在或写在白纸上,共同完成制作"社区小报",并推荐一名代表作解说员,向全班介绍。全班同学进行评比,看谁的社区小报办得最好,能够吸引最多的住户,就可以评为"美丽家园"。

【课后实践】

学生参观自己附近的社区,设计一份社区未来的规划图。

【教学反思】

课后教师对教学活动进行了认真的反思:为什么学生在课堂上个个表现积极、主动,思维活跃?为什么以前不爱发言的同学却多次举手?为什么语言表达能力并不强的学生在这堂课上却说得有条有理。原因是教师在教学活动中解放了学生的思维,让学生积极主动参与到自主、实践、探究的活动中,让学生自主选择学习方式,自主选择学习伙伴,课堂活动充满了生命力。

(深圳市南山外国语学校　叶　晶)

说说我们生活的社区

【设计理念】

小学生大多生活在社区里,对身边的社区并不陌生,然而他们对社区的认识和了解都是零碎和肤浅的,没有机会深入了解社区。本活动设计通过一系列的调查活动、讨论活动和汇报展示,让学生认识和懂得日常生活离不开社区;学会融入社区,关注社区;明白"关注社区就是关注自己的生活"的道理,并以实际行动为社区服务。

【活动目标】

1. 情感目标:让学生懂得生活(衣食住行)与社区是息息相关的,形成热爱社区、热爱生活的态度。

2. 知识目标:知道社区和生活的关系,亲身体会自己是社区的小主人,有自己独特的感受,愿意参与社区活动。

3. 能力目标:培养学生调查(资料)能力、口头表达能力、合作能力及初步选取、分析材料的能力,能够解决自己生活的问题。

【教学预备活动】

1. 学生实态:

(1)本班学生大多数都是外来务工人员的子女,流动性较大,能吃苦耐劳,上进心强,求知欲旺,渴望得到社会包容和认可,但他们与家人对社区的了解和认识是模糊的、肤浅的。

(2)外来务工人员的子女普遍有"漂浮"之感,没有扎根的意识,要让他们多了解自己的社区并参与社区建设,树立"在哪里生活,哪里就是自己家园"的意识。

2. 课前准备:

(1)以平山社区为核心场所,让学生了解周边的生活环境和自己衣食住行的一些基本情况。

(2)了解学生对身边社区的认识、看法。

【活动过程】

第一环节:

目的:通过对社区能见能玩的公共设施进行讨论,让学生们了解社区各种设施的功能,并知道它们和生活是息息相关的,明白社区对生活的重要性。

操作:

1. 导入

教师提出：社区就是许许多多人共同生活的地方，平山社区是怎么样的？

2. 引入问题

看看书上的插图，想一想平山社区还有什么设施？社区哪些设施与我们的生活息息相关，请把讨论的结果记录下来。

3. 学习汇报

各个小组进行学习汇报。

教师及时指导，在汇报过程中要关注学生讨论的内容和发言表情。

4. 巩固

加深印象和丰富体验：观看《平山今昔》录像带和一些照片。

第二环节：

目的： 通过讨论交流，让学生进一步认识"我们的生活离不开社区"。学生分成五个小组进行活动，让学生都有参与和表现的机会，认识和理解社区对人们生活的重要性，大家只有融入社区，关心社区，才会有美好的生活。

操作：

1. 过渡

师：刚才我们学习了"身边的社区"，了解了社区的各种设施，知道自己社区的一些情况。为什么说我们的生活离不开社区呢？

（1）提出问题。

师：谁来说一说我们生活的哪些方面是与社区息息相关的？让学生把感兴趣的问题都写在黑板上。

教师对学生的问题要及时评价，及时获得教学反馈信息。

（2）小组交流。

以衣、食、住、行、精神（文化）为主题内容，将学生分五个小组进行讨论，然后各个小组选派代表汇报本组的讨论结果。

2. 引导：

（1）请说出我们生活中哪些地方离不开社区的具体事例。

（2）社区中的哪些方面会直接影响我们的生活？（提示：公共卫生、水、电、道路、噪声及邻里关系等等）

（3）我们是小主人了，应该怎样为社区做一些有益的事情。（提示：不破坏环境、爱护公共财产等）

3. 汇报与表演。

一个小组汇报，其他小组可提出意见，但不可驳斥，注意场面气氛。

小结： 社区与生活是息息相关的，学生通过大家的讨论交流、汇报，明白生活与社区环境、社区氛围有密切关系，可以说社区的一切都影响人们的生活质量，关系到人们的快乐。最重要的是，社区中的人要爱自己的社区，把社区当成我们的家。

第三环节：

目的： 通过做一些调查，各个小组以"模拟人"的身份进行演讲汇报，让学生们全面认识和懂得社区就是家，愿意共同建设好社区，培养他们对社区的责任感。

操作：

1. 教师启发学生：我们是社区的小主人，社区的形象、社区的发展和社区的建设都要靠大家（包括学生家长）。只有我们齐心协力，把社区真正当成自己的家，我们的社区才会更美丽，生活才会更美好。

2. 学生选择下列的身份，对社区提出建议、良策。

Ⅰ 少年学生

Ⅱ 家庭妇女

Ⅲ 老年人

Ⅳ 中年人

Ⅴ 青年人

3. 指导学生选择最感兴趣的问题和进行问题讨论。

4. 学生汇报（演讲）。

总结：社区生活是我们生活的重要组成部分，关注社区的生活，就是关注自己的生活。我们要做一些力所能及的事，让身边的社区变得更好，让我们的生活更舒畅。

【课后实践】

把各小组的讨论（演讲）情况与家人（亲人）进行讨论交流，把他们的意见和建议写下来，然后小组按要求整理出对改良社区的建议（方案）。

【教学反思】

1. 学生整体表现良好，基本上达到了"讨论——交流——汇报——评价"的教学效果，在活动中学会思考、学会合作、学会表现及学会反思。

2. 教学立足于身边现实社会生活，平时胆小和成绩偏下的同学，乐于参与课堂活动，学习积极性很高。

3. 教师对学生活动评价有一定难度，把握不准。

（深圳市平山小学　曾伟海）

社区应该更美好

【设计理念】

学生每天生活在社区里,他们对现实生活的认识和体验为他们学习这一课提供了最直接、最丰富的资源。教师在活动设计中引导学生了解社区,让学生从实际生活中来,再以实际行动回到社区生活中去,使学生通过亲身实践、体验,关心社区,发现问题,解决问题,力求在活动中促进学生的发展。

【活动目标】

1. 懂得自己是社区的成员,了解社区,关心社区。

2. 了解各种社区对社区成员的要求,增进学生和社区的沟通。

3. 鼓励学会为社区建设出谋划策,激发学生对美好社区的向往,为社区做一些力所能及的事。

4. 培养学生发现问题与解决问题的能力以及与他人合作、交流的能力。

【教学预备活动】

1. 学生实态:

本班学生 47 人,大部分学生居住在南油 A 区、南油 B 区、龙城花园、后海花园、福源花园等社区,小部分学生居住在月亮湾花园、康乐园、缤纷假日等社区。学生居住地相对集中,为他们互相合作进行社区调查奠定了良好的基础。

2. 课前准备:

(1) 学生按居住地组成社区调查小组,实地调查、了解自己社区的情况,并把社区存在的不好现象用照相机拍下来。

(2) 学生采访自己家人、社区的叔叔、阿姨、爷爷、奶奶,了解他们对社区的希望。

【活动过程】

第一环节

目的:蔚蓝海岸是近两年发展起来的环境优美、配套设施齐全的大型社区,通过观看录像,引导学生树立美好社区的概念,激发学生对美好社区的向往,为学生给社区提建议做好铺垫。

操作:

1. 录像导入

(1) 播放蔚蓝海岸社区的录像。(资料来自蔚蓝海岸第一、二期的售楼广告)

(2) 喜欢这样的社区吗?为什么?(引导学生从社区的环境、配套设施方面谈起)

2. 引出课题

（1）幻灯出示课题——"社区应该更美好"

（2）美好的社区人人向往，但由于种种原因，社区中还存在一些不好的事情，下面，我们来看看小明在调查中发现的一些现象。

第二环节

目的：课文中一组画面表现了社区生活中还不尽如人意的方面，由此引发学生观察与思考在自己的社区生活中哪些方面需要完善，并引出实际的调查活动。

操作：

1. 学习课文，观察、分析画面

幻灯出示文中画面。教师请同学们仔细观察画面，发现问题。

教师提示：这些现象，会给我们的日常生活带来什么影响？你们的社区有没有出现小明所拍下的不好现象，除此之外，还有什么发现？请把相片拿出来，向同学们汇报一下。

第三环节

目的：引导学生关心自己社区的事情，树立主人翁意识，通过实地调查，培养观察和发现问题的能力。

操作：

1. 结合实际，发现问题。

（1）各社区代表汇报

请各小组代表利用所拍摄的相片向大家介绍他们组所住的地方名称以及发现的问题。对小组代表汇报不够的地方，组员可以补充。

（2）教师小结

教师对相片拍得比较好、善于发现问题、汇报效果好的小组给予及时的表扬。

第四环节

目的：引导学生认识到，真正做到关心社区，还要为社区的发展献计献策，做一些力所能及的事。

操作：

1. 我为社区建设献计献策

（1）请学生结合自己家人、社区里叔叔、阿姨、爷爷、奶奶的希望，给社区提一些建议，并学会用合适的方式向有关部门表达意见。教师提示学生可用书面文字表达，也可画图表示。先画出自己居住地的概貌，再把自己的建议加进去。

（2）小组交流。以同一社区的学生为单位组成6人小组。

（3）各小组学生交流自己的建议，并说说为什么要提这些建议。教师引导学生结合自己社区存在的问题，结合自己以及所调查人的希望谈起。

（4）请各小组学生评价各组员的建议，选出小组"金点子"设计者。教师引导学生从解决社区存在问题，满足大多数人的需要来评价。

（5）小组汇报

（6）请各小组选出的"金点子"设计者上台展示他们的建议，并说出理由。其他学生可以质疑、补充、评价。

(7) 教师在对各小组代表陈述、评价后把他们的建议贴在黑板上相对应的社区照片下面。并发给"金点子"设计奖牌。

2. 量力而行,为社区建设出一份力

教师提示:这节课,同学们针对社区内存在的一些不好现象提出了许多宝贵的建议。为了使这些建议产生效果,我们应该怎么做?

教师引导学生首先从自己做起,如不乱扔垃圾,不践踏草地,不在草地上踢球等;其次,引导学生向管理处、居(村)委会提出建议,作为他们今后工作的参考;以此同时,也让学生明白,由于受社区面积、规划等种种因素的影响,有些建议是很难实现的,如在社区增设停车场、游泳池等。

【课后实践】

1. 以社区组为单位,把对社区的建议转告给管理处或居(村)委会,可写信,可当面转达。

2. 画一幅"我心中的美好社区"图画。

【教学反思】

1. 从学习与体验相结合的原则出发,引导学生从身边的社区说起,学生有话题可说,热心给社区提建议,并表示以实际行动美化社区,建设社区,基本上达到让学生关心自己的社区,为社区发展献计献策,以实际行动建设社区的目的,树立了学生作为社区一员的主人翁意识。

2. 容量大,分组讨论时间短,课前有些小组所拍的相片不够好。

(深圳市南油小学　黄爱平)

爱护校园环境

【设计理念】
　　本活动设计是从"说说我们生活的社区"引申出来的。校园,是学生一个重要生活环境,通过环境美与丑的对比,教育学生认识身边不文明的行为。通过小组讨论与探究活动,让学生明白不文明行为对校园环境造成的不良影响,从而学会以实际行动爱护校园环境。

【活动目标】
　　1. 情感目标:
　　引起学生对身边不文明行为的注意,唤起他们爱护学校及周边环境的意识。
　　2. 能力目标:
　　(1) 培养学生从不同的角度观察环境以及分析事物与现象的能力。
　　(2) 引导学生清楚地表达自己的感受与见解,学会与他人交流与合作。
　　3. 知识目标:
　　使学生明白校园环境与自身的密切关系,懂得以实际行动爱护校园环境。

【教学预备活动】
　　1. 学生实态:
　　本校学生多为工厂职工和个体户的子女,由于受家长及周边生环境的影响,他们沾上了一些不良的行为习惯,如:乱扔垃圾,乱吐痰,随意践踏绿化等行为。通过爱护学校环境活动,可以让他们养成良好的行为习惯。
　　2. 课前准备:
　　(1) 教师课前对学校环境进行录像,拍摄。
　　(2) 教师准备一个关于学校环境的小品《糟蹋》。
　　(3) 让学生观察学校里的不文明行为。
　　(4) 了解学生心中的理想校园环境是怎样的,让学生为美化校园出谋划策。
　　(5) 准备画纸,彩色笔等相关用品。

【活动过程】
　　第一环节
　　内容:观看校园环境录像、图片。
　　目的:让学生通过校园环境美与丑的强烈对比,初步形成对美的共鸣,引出课题:"爱护校园环境"。

操作：

1. 教师播放优美的校园环境录像及展示照片。教师在播放和展示时要注意学生的反应，及时引导。

2. 教师提问：看完录像和相片，你们有什么感受？可以让学生谈自己的感受，激发学生情感。

3. 教师播放受破坏后的校园环境录像及展示照片，留意学生的反应，随机深化学生爱美之情。

4. 教师问：同学们，你们希望校园出现这样的景象吗？引导学生谈谈感受。并引出课题："爱护校园环境"。

第二环节

内容：观看小品《糟蹋》

目的：通过小品《糟蹋》，让学生进一步明白不文明行为就在身边，引导学生对自身行为进行反思。

操作：

1. 教师引导：同学们这么优美的校园环境，究竟谁破坏了我们的环境呢？

2. 表演小品《糟蹋》。

3. 教师问：对于他们的行为，你想说些什么？

4. 学生围绕小品发表见解。

5. 教师把学生从讨论别人行为，引向反思自身的行为，教师问："他们的行为似曾相识，我们有类似的行为吗？"引导学生大胆说出曾经有过的不文明行为。

6. 教师对说法有见地的以及敢于说出自己有不文明行为的同学给予表扬，把同学参与活动的积极性延续到下一个环节。

第三环节

内容：为学校环境献计献策，画出心中美丽的校园。

目的：让学生为学校的美化献计献策，树立主人翁意识。通过画出心中的美丽校园，把对学校的美好心愿表达出来，激发参与校园美化活动的积极性。

操作：

1. 教师问：大家对破坏校园环境的不文明行为都深恶痛绝，那么你们对校园环境又有什么建议呢？

2. 学生以小组为单位讨论、总结。

3. 小组发表意见。教师听取意见时，及时表扬和引导同学言出必行。

4. 教师：大家的建议都非常好，如果你们的建议都实现了，我们的校园又是一个怎样的面貌呢？请你们一起画出心中美丽的校园。

5. 学生以小组为单位画出心中美丽的校园。

6. 学生展示并介绍小组的"美丽校园"。

7. 播放一段美丽的环境录像，再次激发学生环保热情，引入最后一环节。

第四环节

内容：谈感受

目的：通过学生谈感受，把学生引回本课的主题，加深学生对主题的理解。

操作：

教师：经过一堂课的学习，你想说些什么？

1. 学生谈感受。

2. 教师小结：同学们，谁都愿意在一个优美的环境里学习。我们的校园环境是这么的优美，而且只要我们共同努力，定能变得更加美丽。让我们行动起来，创造一个优美的校园环境吧！

【课后实践】

1. 学生以小组为单位，将画好的画加工后粘贴在班级学习栏上，让大家共同欣赏。

2. 学生写出自己的感受，贴于学习栏上共勉。

3. 组织学生为班级制作讲卫生讲文明的标语，为学校制作保护爱护校园环境之类的标语牌子。

【教学反思】

在"画出心中的校园"的环节里，学生在很短的时间里把小组不同成员的想法融入到一幅幅充满童真的想像画里，这让教师喜出望外，是课堂的点睛之处。这使我明白：教师绝对不能低估学生的探究能力，只要相信学生，他们就会努力把事情做好。

（深圳市平山小学　文志刚）

为了我们共同的需要

【设计理念】
　　社区是人们生活的地方,让学生了解社区的历史、现在以及将来,明白社区的发展变化与人们的勤劳密切相关;培养学生爱护社区、参与社区的愿望和能力;让学生通过调查研究,学会发现问题和解决问题。

【活动目标】
　　1. 通过调查活动,让学生了解社区的基本设施以及这些设施在生活中的作用。
　　2. 培养学生与人合作、交往的能力。
　　3. 让学生在活动过程中享受合作、交际成功的乐趣。

【教学预备活动】
　　1. 学生实态:
　　学生对社区的认识仅仅停留在邻居的层面上,对社区里的种种设施也只是停留在公共财产的层面上,也并不了解社区的历史变化与社区里生活的人的关系,更没有意识到社区里的一切都是我们共同的需要。
　　2. 课前准备:
　　(1) 拍摄学生所居住的社区公共设施(或者用笔来画);
　　(2) 收集社区的历史,包括以往的社区剪影照片,通过采访社区工作人员、爷爷奶奶了解以前的社区情况。

【活动过程】

活动一　社区公共设施大亮相

　　1. 学生在小组内展示、交流自己社区的公共设施图片。
　　2. 小组推选代表展示富有特色的社区设施图片,如新的健身设施、邮电局、公共电话亭、社区里的学校等等。
　　3. 交流公共设施在人们生活中的作用,懂得公共设施与日常生活的密切关系;
　　4. 学生小组交流自己与这些公共设施打交道的经历。
　　5. 小组选代表在全班交流自己与社区公共设施的亲密关系,引导学生更深层次地理解我们离不开社区的设施。

活动二　社区五彩活动大荟萃

1. 通过小组合作交流，展示社区以往开展的活动的"老照片"，并讲述这些照片里的小故事。

2. 开展组与组之间"老照片，小故事"竞赛活动。在小组内推选出有代表性的小故事到班上演讲，如：社区经常有新华书店的叔叔送来新书，有医院里的医生来给老人义务体检等等。

3. 学生谈体会。让学生从这些小故事中明白一个道理：社区里的事与我的生活息息相关，社区里的设施是为我们生活服务的。

活动三　社区历史相册大放送

1. 收集整理有关社区历史的照片。

2. 以区域不同的社区进行分类，让学生们在整理自己社区的历史变迁中感受的社区的变化，体验现代社区生活的快乐！

3. 根据学生居住的不同社区把学生分成几个大组，让他们进行交流，理清所在社区的历史变化。再以大组为单位，全班进行交流汇报。如李乐东同学所在社区的变化：50年前，社区里的人们多居住在低矮的平房里；30年前，社区里开始出现了一些楼房；现在，社区的楼房规模不断扩大，一派欣欣向荣的景象。

活动四　我为社区蓝图添一笔

1. 引导学生先想像自己未来的社区是一幅什么样的景象，画一幅画，再在下面加文字给予说明。

2. 小组内交流：你最希望未来的社区是什么样的。

3. 班内交流，其他学生可以补充发言。

【课后实践】

1. 以小组为单位办一份未来社区蓝图手抄报，要求有刊头、有图片，有文字，并能体现社区的历史变迁与未来的灿烂前景。

2. 评选优秀的手抄报，展示在墙报上。

【教学反思】

学生能够在轻松、愉悦的气氛中参与学习活动，他们学会了怎样与人合作、交流，懂得与他人分享成功的喜悦。教师在设计活动时注重引导学生主动学习、探究学习与合作学习，学生在不知不觉中懂得了社区建设是大家共同的需要，激发了为建设未来美好社区出一份力的激情。

(深圳市南山实验学校　李友元)

移动的画板

【设计理念】

    1. 让学生从自己的生活世界出发,用自己的眼睛去观察教室、观察校园,用自己的心灵感受生活,用自己的方式研究社会。

    2. 让学生在色彩斑斓的绘画世界和丰富多彩的游戏活动中受到道德教育和生活指导,将各学科的知识整合与融化。

    3. 拓展学习空间,体现课程的开放性。本活动设计将学生的画板由教室移到了校园中,教学场所由教室拓展到了校园,教学内容也由课本拓展到社会实践中。

【活动目标】

    1. 情感态度:进一步增进学生对学校的情感,培养他们参与学习活动的兴趣。

    2. 实践能力:能够正确地分辨东、南、西、北四个方向,并能够将一定区域范围内的设施和景物正确地画下来。

    3. 知识水平:进一步了解学校、认识学校,知道实地方向和图上方向的规定,以及绘画的步骤。

【教学预备活动】

    1. 学生:每人准备三张白纸,一盒彩笔和一个指南针。

    2. 教具:电视,实物投影仪,指南针,白纸若干张,展示台和反映学校全貌的录像资料。

【活动过程】

活动一　信笔涂鸦画教室

    目的:通过让学生观察教室,用自己的画笔画出教室,让学生初步了解画地图的要点,享受画地图的乐趣。

    操作:

    1. 情境导入。

    教师:同学们,我们在远方的朋友虎子来信啦!他很想了解我们生活的地方。

    课件显示虎子来信,让学生阅读虎子来信。学生自由谈谈读信后的感受,导入主题:"画画我们的教室"。

    2. 观察教室。

让学生在教室里自由活动,选择任意一个角度用自己的眼睛观察教室。

3. 画画教室。

让学生按照自己的意愿随意地画教室,体会观察的乐趣,享受绘画的乐趣。

4. 欣赏作品。

学生分小组活动,拿出各自的绘画作品并进行评价。评出自己最欣赏的作品,说说原因。

5. 评议方法。

全班交流,实物投影展示几位学生的画,比较各个同学的画,找出不同点;共同商讨画教室的最佳方法。

(放开学生的手脚,让学生自主观察,随意去画。尽管教师没有教给学生绘画的方法,但学生已经在信笔涂鸦中积累了一些绘画的方法与技能,更在无拘无束中体验到了绘画的乐趣。)

活动二 东西南北在心中

目的:通过知识竞赛、实地体验、游戏活动让学生学会辨认东、西、南、北四个方向,让学生从中体验辨认方向的乐趣。

操作:

1. 知识竞赛。

在班上举行知识竞赛,以小组为单位说说自己知道哪些辨认方向的方法,给优胜组颁奖。全班讨论共同总结方法:

① 按口诀定方向。"面北背南,左西右东。"教师说口令,学生用手臂指方向。

② 看太阳定方向。让发言的同学到前面进行演示,其他同学跟着做。

③ 看北极星定方向。请学生画图进行演示。

④ 看指南针定方向。学生实际操作,通过练习学会使用方法。

⑤ 看房屋定方向。让学生举例说明。

2. 实地体验。

请学生在操场上运用口诀法辨别学校的四个方向,教师进行检查。

3. 游戏活动。

① 辨方向比赛。学生以小组为单位进行竞赛,三名同学担任记录员,教师说口令,学生先用手指方向,然后转动身子辨方向。评出优胜组。

② 寻找宝藏。两个小组间互为竞争双方,学生间两两结队分别将"宝藏"(一个铅笔盒)各自藏在校园的某一角落。(藏时双方回避。)同时留给对方一张"藏宝图",图上写清方位和距离。如:向东走30步,再向西走50步。准备好后双方寻找,先找到"宝藏"的小组为胜利者。

(通过实地体验、游戏等活动丰富了学生的生活经验,让学生通过真实的体验切实领会辨认方向的方法,将东西南北牢记心中。把本课的教学内容与学生丰富多彩的现实生活联系起来,激发了学生探究、自主学习的兴趣。)

活动三 美丽学校我来画

目的： 通过制作学校的平面图，让学生学会实地辨别方向，而且能够依照"上北下南，左西右东"的法则将校园的设施正确地画在地图上，同时激发学生热爱学校之情。

操作：

1. 了解步骤。让学生初步了解画学校平面图的四个步骤。第一步：定方向。第二步：选中心。第三步：按方向画内容。第四步：填色。

2. 实地观察。学生带好纸、笔及指南针，再次确认实地方向。选定中心进行观察，并按照"上北下南，左西右东"的法则，将四个方向在纸上做好标记。

3. 欣赏校园。教师播放反映学校全貌的录像资料，学生一边欣赏美丽的校园，一边更全面地观察校园。

4. 描绘校园。学生依据画平面图的步骤，从不同的角度，将自己眼中的校园描绘下来。教师用实物投影将学生的作品展示出来，让学生相互交流，彼此欣赏。

（学生在描绘校园的同时，不仅加深了对学校的了解，更是激发了他们对学校的热爱之情；不仅掌握了绘制平面图的技巧，更锻炼了他们的观察能力、绘画能力，真是一举多得！）

【教学反思】

1. 本活动设计的主基调是"画"字。让学生画教室、画学校，在画画中了解他们生活的环境；在画画中掌握一些社会常识与基本技能；在画画中欣赏我们美丽的校园，增进学生对学校的热爱之情，开发了学生的多元智力。

2. 本活动设计更体现了"乐"字。本设计是以活动为主线，让学生在绘画活动、竞赛活动、游戏活动、实地体验中享受乐趣。让学生快快乐乐地学到知识，受到熏陶，得到道德教育。

3. 本活动设计更注重了"活"字。让学生自由地画，大胆地说，尽兴地游戏。教师索性将课堂从教室搬到操场，从操场搬到校园的每一个角落。因为，社会就是大课堂，生活就是好教师。学生在实践体验中受到了品德教育。

（深圳市育才二小　杨　柳）

地图就是一幅画

【设计理念】

"地图就是一幅画"是一个完全以合作学习为平台,积极引导学生在不断的合作中探索、实践,逐步建构学生有关地图的知识及相应技能的主题活动。因此,在知识层面上,我们要引导学生建构地图的相关知识;在能力层面上,要引导学生掌握绘图的相关技能,学会合作,学会共享;在情感层面上,要引导学生感受合作的智慧,丰富合作的体验。品尝获得成功的自豪,体会共享带来的愉悦。

【活动目标】

1. 初步学会设计并使用图例,理解图例的概念和意义,感受设计图例中与他人合作的必要性,体验合作的乐趣。

2. 了解不同种类的地图及其相关作用。收集图例,介绍图例。

3. 感受合作的智慧,提高与他人合作的能力,丰富合作的体验。学会与他人分享成功与快乐。

【教学预备活动】

1. 学生实态:

在"画画我们成长的地方"的主题活动中,学生们实地调查了学校周围的环境、设施,并开展了向低年级学生介绍学校周边环境的活动。亲手绘制了学校周边环境的草图。他们有很多体会要交流,绘制的草图希望得到评价。

2. 课前准备:

(1)教师事先个别了解学生介绍时的体会,做到心中有数。

(2)询问各组画图的基本情况,遇到的问题,普遍存在的困难,典型的个案等。

(3)传看、评价各组草图,做好课堂交流的准备。

【活动过程】

活动一 合作智慧多

目的:通过组内讨论,组际交流,感受合作的智慧;学会与他人分享成功和快乐。

活动步骤

1. 创设情境,师生对话,引导学生介绍小组草图.

(1)各小组代表拿出草图向大家介绍他们绘制的地图,对小组代表汇报不够的地方,组员可以补充。教师相继请学生点评。

(学生的看法主要有:一幅图的完成,不是一个人的事,需要合作才能做到;观察要仔细,不要漏掉;方法很多呀,可以涂色,可以贴标志,虽然麻烦,但很有趣;看图找学校,不愁找不到。草图的情况:有的图十分形象,但画的内容太少了;有的图画的太挤了,距离不当,跟实际有点差别;有些建筑物各组画的有区别,如报亭,有的和住房一样……)

2. 教师进行点评:同学们说的十分中肯。地图就是一幅画,描绘精彩靠大家。合作产生智慧,分享产生快乐。汇报中提到的问题,同学们可以认真考虑,看怎样解决。

3. 评选好作品发奖。

活动二　怎样让地图更简明

目的: 感受设计图例的乐趣,了解图例及意义,初步学会设计图例。

活动步骤:

1. 教师出示两幅草图,引导学生观察

师:可以发现,草图上一些建筑物画的大一些,同样的画图会有所区别,对照小区示意图,你们有什么新发现。

学生观察、讨论。

2. 引进图例的概念:

各种地图上都有一个小框子,里面有各种不同颜色的标记和符号,它们就叫图例。我们可以用图例代表实际景物,这样在地图中包含更多的内容。看图时,首先看懂图例。画图时,认真设计、使用图例,会使图的含义丰富,而且清楚明晰。想不想设计自己的图例?

3. 学生分小组讨论,设计各种图例。

鼓励学生将图例粘贴到黑板上。教师组织各组进行评议,选择最有创意,简洁明快的图例,全班通用。参看书中的图例对比。

学生分组现场画学校四方的区域图,使用即定图例。在绘图的过程中一定要注意顺序,互相提醒,防止重复和错漏。

教师在黑板上拼图粘贴,指导学生按上北下南,左西右东的顺序拼。

4. 开展现场互评,引导学生取长补短。

教师:现在,一起赏析我们亲手绘制的彩图吧。

教师引导学生积极评价,体会成功的喜悦。学生出示自己创作的地图,请其他学生评价。

5. 教师提出建议:课后建议同学们复印地图,带回家向家人、邻居介绍我们的绘制过程,解说地图。

活动三　多姿多彩的地图世界

目的: 了解不同种类的地图以及它们的作用。

活动步骤：

　　1. 创设情境，展示图例。

　　（1）教师收集一些不同的地图，发动学生广泛收集，进行观察，研究。教师出示欢乐谷的游览图，南山区的交通图，某一公交公司的线路图。请学生观察，讨论。

　　（2）学生出示自己收集的地图，结合书上的解说，分组开展讨论。教师巡视，倾听，点拨以"我的发现"为题，汇报学习所得。

　　2. 汇报发现，学会读图。

　　（1）教师鼓励学生汇报看图所得，及时肯定学生的发现，引导学生学会读图。理解地形特点，河流，高山，平原，海洋，作物分布等。

　　（2）教师提出建议：一些神奇的故事也与地图有关，如寻宝图等，《金银岛》就是一个以地图展开的惊险故事。你们可以看看，也可以自己编写一则与地图有关的小故事。下一次开一个故事会。

活动四　出版我们的地图册

目的

　　巩固本组的学习内容，获得学习的成就感。

活动步骤：

　　1. 创设情境，激发兴趣

　　学生准备本组活动中所有的画图，准备制作地图册所需的工具。在地图学习的活动中，每个学生都画出了学校的地图，每个小组都绘制了学校周边环境图，这些地图，是学生辛勤劳动的成果，体现了他们的智慧，让我们把它们装订，出版吧。

　　2. 讨论设计，总结成果

　　（1）请学生分组讨论，设计。封面设计，目录，作者，内容安排等等

　　（2）建议学生可以选择一位远方的好朋友，画一幅乘车路线图，用上制定的图例，寄给他，看他能否明白。

　　（3）教师重点指导学生总结。从知识、技能层面，学习方法、合作精神方面进行总结。让学生自评，再互评，进行小组评价。

　　3. 家长参与，积极评价

　　选择场地展示，邀请家长观看，分享，鼓励学生的创造性发挥，让学生体会到成功的快乐。

【课后实践】

　　1. 建议学生画一张从家到学校的路线图，并标上沿路的建筑物，公用设施。

　　2. "我来当导游"地图旅行晚会。请学生分组准备，选择自己感兴趣的区域，开展"报站式"导游活动，评选最佳导游。

【教学反思】

　　1. "地图就是一幅画"是一个以解决问题为目标的学习活动，激发学生发现问题并通过合作学习等方式来解决问题。

　　2. 解决问题基于学生个体的生活经验，是仔细观察所得。在解决问题的过程中，

教师发现每个学生的体验不同,解决方法也不一样,但通过合作学习和讨论交流,他们都能取得不同程度的进步。记得有一位学生在绘图的时候,对地图的方位认识不清,画的与实际不一致,小组成员带他一次次进行实地考察,明确方位,他终于心领神会。后来,他画的地图最详实,在汇报活动中,他心中有数,娓娓而谈,被评为出色的小导游。由此可见,合作产生智慧,合作助人成功。

(深圳市西丽小学　杨　洪)

地图就是一幅画

合理购物 ABC

【设计理念】

1. 参与性：本课关注每一个学生的成长，发展学生丰富的内心世界和主体人格，体现以育人为本的现代教育价值取向，培养他们对生活的积极态度和参与社会的能力。

2. 生活性：本课教育的内容和形式贴近学生的生活，反映学生的需要。让他们从自己的世界出发，用自己的眼睛观察社会，用自己的心灵感受社会，用自己的方式研究社会。

3. 有效性：本课采用学生乐于和适于接受的生动活泼的方式，帮助他们解决现实生活中的问题，为他们今后人格的和谐发展与完善奠定基础。

【教学目标】

1. 培养合理的购物观念，购物有计划，注意商品的性价比，做到"货比三家"；

2. 学会了解商品，懂得什么是"三无产品"；

3. 初步具备保护自己正当权益的意识。

【教学预备活动】

1. 学生搜集几种日常生活用品的包装说明或者观察家长如何购物，请教购物经验。有条件的家庭可以浏览相关网站。

2. 有些小组的学生做商家的角色，准备"商品"（玩具、文具、日用品等）、广告，有些小组做消费者，准备"代金券"。

3. 教师拍摄学生生活中的购物场景（如没有拍摄条件，可让学生准备好购物场景的表演），准备正规产品及三无产品，搜集相关资料；

【活动过程】

活动一 制订购物宝典

1. 师生一起看录像（或者学生表演购物）。

师：同学们，我们在生活中常常要去购物，怎样购物才是合理的呢？我们先来看看几位同学的做法。

（活动展示给学生留下深刻印象，为学生提供生动事例，使学生得以客观地思考怎样做到合理购物。有助于以下环节的充分展开。）

2. 小组评议谈感受。

师：请在小组里评一评哪位同学的做法合理，说说为什么？

生：我觉得吴耿创去买书包的做法合理，因为他事先看了一些广告，想好了要买什么样的书包。

生：他想好了花多少钱买书包。

生：而且他不像另一位同学，一见喜欢的东西就买，花很多钱，又没用处。

师：同学们说得真好，购物之前要想好自己需要什么，对它有所了解，然后根据自己的经济状况决定买什么价位的物品，也就是说购物要讲究计划性。

师：你还看到了什么？

生：我看到吴耿创比较了好几处地方的书包才买。

师：也就是说购物还要讲究货比三家。他在比较什么？

生：他问价格，看哪里最便宜。

师：你还看到什么？

生：他在看书包质量。

师：怎么判断质量好不好呢？

生：多了解一些商品知识。

生：看商品说明。

（学生先进行充分讨论，教师再适当引导，学生逐渐领悟"量入为出"和"货比三家"的消费观念，树立理性的消费观。）

3. 和好朋友看包装说明，交流心得。

师：现在请同学们看看自己带来的商品包装说明，找自己的好朋友交流，看看这些说明有什么共同的特点。

投影显示商品包装上有合格证、生产厂家名称及其地址，生产日期、有效期、条形码、防伪标签。

生：有生产日期和有效期。

生：都有合格证。

生：有生产厂家的名字和地址。

……

师：同学们观察得真仔细，请把你的发现写在教科书第81页的横线上。

学生做填空练习。

师：在购物时，我们要注意看清楚商品包装上的每一项信息，特别要注意避免买过期商品。

（和好朋友一起研究商品包装说明，气氛和谐自由，学生轻松地学会了解商品信息，实现了生生互动，并通过填空练习加深印象。）

4. 认识三无产品，了解其危害性。

教师用实物投影展示。

师：老师带来了几样商品，同学们看看这些包装说明和自己带来的有什么不同。

生：没有合格证，没有厂家和地址，没有生产日期和有效日期。

师：这叫做三无产品，同学们买过三无产品吗？

生：买过街边小零食。

师：有什么后果。
生：有一次吃完，肚子非常痛，妈妈带我去了医院。
师：严重的食物中毒甚至会有生命危险。所以我们要学会看商品说明，可别买了三无产品。
（结合实物展示，学生对三无产品有很明确的概念，通过现身说法，学生切实体会到三无产品的危害性，培养购买正规产品的意识。）

5. 了解消费者权益。
师：我们购物时要去正规商场但如果有问题，商家又不能给你解决，该怎么办呢？
生：告诉爸爸妈妈。
生：告诉警察叔叔。
生：可以投诉。
师打开相关网站。
师：我们购物时要保留好电脑小票、发票、收据等，如果有问题，可以到当地的消费者协会投诉。
（这一教学环节的意图是引导学生明确消费者保护自身权益的正确渠道和方法。）

6. 制订购物宝典。
教师画一个购物宝典图，请学生小组讨论，归纳购物宝典条例，要求简单明白，由组长写好贴在宝典图上，全班评议。
（将购物环节的各重要因素以购物宝典的形式集中展示，培养学生的归纳总结能力，而且便于学生记忆。）

活动二　模拟购物活动

师：同学们做的宝典棒极了，我们现在就来模拟一下购物，好不好？
生（充满兴奋）：好！
学生按课前选择的角色，表演商家或消费者，模拟购物活动，教师参与并指导。
（表演符合小学生好动爱玩、富于想像、善于模仿的年龄特征。模拟购物活动是学以致用过程，有助于深化理解。）

活动三　模拟活动评价

师：同学们在模拟购物时个个都很能干，现在我们来评一评谁是最聪明的消费者，谁是最佳商家。
师生评议。
教师打开相关网站。
师：我们除了要具备购物常识，还要学习一些购物小窍门，老师就在深圳之窗网的生活频道的购物宝典里获得一些有价值的信息，同学们可以请家长指导你在相关书籍和网站里学学购物小窍门。

（采用激励方式深化学生的体验，更能使学生感受到学习成功的乐趣。）

【课后实践】

学生和家长交流自己学习"合理购物 ABC"的体验，和家长一起制订家庭购物计划，做好预算，并在购物后做好一周购物统计图，总结经验。

（学生在生动的课堂上获得了知识，在生活中有意识加以运用，从而形成理性消费的良好习惯。在生活中学习，在学习中生活。）

【教学反思】

本活动设计始终体现了学生主动参与的教学特点，将培养学生的观察能力、归纳能力、应用能力置于充分的活动中，生生互动，师生互动，课堂环节安排紧凑而不失生动有趣。学生在轻松愉快中学到了知识，提高了实践能力。课堂教学和课后延伸有机衔接，实现了多维目标的有效整合。

（深圳市海湾小学　余绍华）

价格的秘密

【设计理念】

本课是三年级下学期思想品德与社会课教材"购物的学问"主题活动中的内容，学生在了解了自家的日常购物及各种各样的购物场所之后，可以探究一下购物的学问，学会做一个聪明的消费者。通过了解价格的秘密，认识社会问题，提高社会实践能力。

【活动目标】

1. 情感目标：

（1）亲近生活，感受日常生活中购物的乐趣。

（2）乐于观察，体会发现的快乐。

（3）初步形成正确的消费意识。

2. 能力目标：

（1）学习从不同的角度观察、认识、分析社会生活现象，能够作出正确的判断。

（2）学习搜集、整理、分析和运用社会信息。

（3）懂得价格的比较，懂得议价。

（4）学会与他人合作与交流。

3. 知识目标：

（1）学习购买商品的初步知识。

（2）懂得同样的商品在不同的购物场所会有不同价格。

（3）明白导致商品不同价格的原因。

【教学预备活动】

把学生分成三组：

1. 第一组在家长的指导下，学生自拍录像短片：自由市场上讨价还价的情景。

2. 第二组在教师的指导下，到果场了解荔枝的采摘、包装、运输、批发等过程，并摄制成录像短片："荔枝的旅行"。

3. 第三组再分成小组到学校附近的不同商店，调查以下几种熟悉商品的不同价格：三星牌圆珠笔、康师傅方便面、金轮牌泰国米、红富士苹果、家鸡蛋、呼啦圈。

【活动过程】

活动一 导入

目标：通过录像短片吸引学生，让学生初步感受商品价格的波动性，激发其探究的兴趣。

操作：

师：同学们，你们买过东西吧，买东西有学问吗？当你买东西的时候，要关心的是什么？对，是商品的功能、质量，还有就是它的价格！

由第一组学生介绍他们拍摄的自由市场上讨价还价的情景的录像短片。把学生的注意力集中到商品买卖的价格上，并初步了解商品价格的波动性。

师：这节课，我们来共同探讨一下商品价格里的学问，了解价格的秘密。

活动二 了解同样商品在不同场所有不同价格

目标：通过学生自己调查的同样商品在不同商店的不同价格的结果展示，引发对商品价格的初步讨论。

操作：

1. 由第三组学生按小组派代表轮流上台汇报自己的调查结果。

每组要把自己调查的以下几种商品的价格情况，制成表格或图文并茂的幻灯片，可以使用投影仪、电脑等辅助工具进行介绍。

商品：三星牌圆珠笔、康师傅方便面、金轮牌泰国米、红富士苹果、家鸡蛋、呼啦圈。

2. 分小组初步讨论：

（1）从汇报结果中，你发现了什么？

（2）为什么同样的商品在不同的商店会有不同的价格？

（3）一般来说，哪些地方的商品比较便宜？为什么？

3. 小组代表发表意见，教师暂不进行评价。学生形成初步结论：商品的价格与购物场所有很大的关系。通常，批发市场、超市的东西比较便宜。

师：究竟有哪些因素会影响到商品的价格呢？还是让我们来听一听第二组同学的介绍吧。

活动三 探究讨论：哪些因素会影响到商品的价格？

目标：通过观看"荔枝的旅行"的录像短片，了解商品流通的大致过程，从而再深入讨论影响商品价格的因素。

操作：

1. 第二组的学生代表介绍"荔枝的旅行"的经过。

（1）播放"荔枝的旅行"的录像：荔枝从果场采摘——包装——批发——运输——

商店的零售的过程。

（2）分组讨论：为什么我们在商场买到的荔枝价格与果场卖出的或批发市场批发的荔枝价格不一样呢？

（3）介绍："荔枝的旅行"是一个复杂的过程，所以荔枝的价格也由于这个过程而不断地发生着变化。

2. 小结：从"荔枝的旅行"使我们了解到了影响物品价格的一些因素，如运输的费用、包装的费用、售出场地的大小及租金、设备条件、服务人员的多少等。

活动四 进一步探究

目标：通过全班的共同讨论，进一步探究影响商品价格的其他因素。尽可能让学生从多方面来了解商品价格的秘密。

操作：

1. 是不是运输、包装、售出场地的大小及租金、设备条件、服务人员的多少等条件一样的商店，同样商品的价格都一样呢？

2. 全班共同讨论，自由发言，影响商品价格的因素还有哪些？

3. 总结归纳：影响商品价格除了进货渠道这个主要的条件外，还有商店经营的方式、经营者的心态、商店规模的大小等诸多的因素。

活动五 拓展

目标：使学生反思商品价格的秘密，进一步联系实际，学以致用，拓展思维。

操作：

1. 说一说：我们发现了价格的秘密，对今后的购物有什么好处呢？

学生可以根据自己的需要选择不同的购物场所，也可以在自由市场等议价场所用较低的价格买到自己喜欢的物品。

2. 如果你是商店的经营者，你对商品的定价有什么想法？

【教学反思】

由于现在的学生一般都有零用钱，在没有成人陪同消费时，大多只关心所购买物品是否好玩、是不是需要，而对其价格却不关心。但通过本课的探究学习后，建立起商品价格的概念，树立起价格的意识，从而积累一些初步的社会经验，也为自己的生活带来好处。

（深圳市华侨城小学 张伶俐）

快快乐乐逛超市

【设计理念】

　　本节课将学生的生活体验——逛超市作为教学的出发点,并注意有效地利用校本课程《养成教育》的资源,补充一些现实生活中的"活"教材,使教学内容更贴近学生的生活与现实社会;引导学生走近生活、观察生活、体验生活,使生活成为课堂教学的内容,让学生在课堂里能自由呼吸到生活气息;教师发掘教材中能够引发学生创新思考的内容、环节,通过设置存疑、激疑、质疑等环节引导学生创新思考;发现教材中能引导学生实践的要求,通过课前搜集信息、整理信息,课上运用信息,课后实践道德认识,提高学生道德实践能力。

【活动目标】

　　1. 了解附近有几个超市,说说为什么喜欢逛超市。

　　2. 懂得逛超市要遵守公共秩序,做个讲文明的小顾客。

　　3. 在讨论中清楚表达自己的意见,明辨是非。

【教学预备活动】

　　1. 课前安排学生到超市做调查,完成《超市调查表》(附后)。

　　2. 拍摄附近大小超市的外景门面,制作成幻灯片。

　　3. 向"万佳"总部提交申请,请求在超市内拍摄一些小朋友逛超市的镜头并邀请万佳超市的工作人员到现场与学生互动,答疑解难。

【活动过程】

活动一　激趣导入,汇报调查情况

　　师:同学们,今天我要带大家去逛一个地方,这个地方有大家爱看的书,爱吃的零食,还有爱玩的玩具。大家猜猜是哪儿呢?

　　教师出示课题:"逛超市"。

　　师:先来看看我们附近的这些大大小小的超市吧(出示各种超市图片)。

　　师:同学们眼中的超市是怎样的?赶快拿出来《调查表》跟大伙儿一起来分享一下你的调查结果吧。

　　(运用直观形象的图片,在媒体的帮助下,使学生身临其境。在课前,学生对调查访问感兴趣,而且对新课时的汇报、交流兴趣更高。因为喜欢表现,希望得到表扬是学生的天性,这就扩大了学生的主动参与面。)

活动二　看视频,小组开展讨论

师:在我们社区有一个我们最熟悉的超市——万佳超市,到过万佳超市的同学请举手。

下面随摄像机的镜头一起走进万佳超市吧,看看我们小朋友逛超市时都喜欢做些什么。

1. 看视频《快快乐乐逛超市》
2. 小组合作讨论,对看到的某种现象发表自己的观点和看法。

师(过渡):他们玩得多开心啊!现在你们在小组内开展讨论,说说你发现了什么现象?你对这些现象有什么看法?

(以现代化教学手段,激发学生的积极参与,既活跃了课堂气氛,又加深了学生对课文主题的理解,充分发挥了学生的主体作用,内悟内化,比教师空洞说教效果明显。图文结合,以思考、讨论促领悟,使文中道理内化为学生的道德品质。)

活动三　万佳超市工作人员现场与学生互动

1. 教师向学生介绍万佳超市促销部的杨经理和其他两位工作人员。
2. 万佳超市的工作人员向学生介绍超市应遵守的公共道德。
3. 教师引导:你最想知道什么,你有什么好的建议向超市工作人员提出来。

(请超市工作人员到课堂与学生展开互动交流,课堂上邀请到万佳百货的经理来与学生面对面直接对话,学生更加懂得了什么是逛超市的文明道德行为,了解了自己生活中最基本的道德行为规范。)

【课后实践】

1. 学生思考:通过今天的活动,如果你再到超市,你会怎么做呢?
2. 教师发放《自我评价表》,学生根据本次活动作自我评价。

【教学反思】

学生通过本次活动对逛超市应注意的有关规则有了清楚的认识,知道了怎样做个受欢迎的文明小顾客。特别是教师邀请万佳超市的工作人员来与学生面对面直接对话,学生更加懂得了什么是逛超市的文明道德行为,了解了自己生活中最基本的道德行为规范。学生在学习过程中丰富和发展了对自身、他人和社会的认识,形成了基本的道德观、价值观和初步的道德判断力。

由于教材给师生提供了一个广阔的发展空间,因此,在教学中,学生们始终能保持积极的心态,参与学习活动,愿意自己发现问题、解决问题,并在合作学习的过程中,互相鼓励、互相学习。同时,教师适时给予学生一些方法上的指导,帮助学生解决现实生活中的问题,因而受到了学生们的欢迎。

通过对本教学活动设计,教师认识到:随着新课程改革的深化,教师的综合素质也需要不断提高,只有把课前研究、课堂教学与课后延伸有机融合,才能有效地开发学生探究学习能力,让学生既直接感受知识,又体会到运用知识的乐趣。

附录(1):学生超市调查表

你到过哪些超市?
你最喜欢哪个超市购物呢?
你自己一个人曾去超市购物吗?
你到超市除了购物还会做什么呢?
说说你喜欢到超市购物的原因。

附录(2):学生学习评价表

姓名:

项目	评价内容	评价结果
1	我了解附近超市的情况	☆☆☆☆☆
2	我明白到超市购物要遵守哪些规则	☆☆☆☆☆
3	我知道超市里有哪些不文明的行为	☆☆☆☆☆
4	我以前到超市购物:很文明( )、有吐痰( )、丢垃圾( )、打开包装( )、不排队( )、其他( )	
5	通过这次"逛超市"学习活动,我最大的收获是:	

(深圳市珠光小学 罗新文)

北京大学出版社
教育出版中心 精品图书

21世纪特殊教育创新教材·理论与基础系列

书名	作者	价格
特殊教育的哲学基础	方俊明 主编	29元
特殊教育的医学基础	张 婷 主编	32元
融合教育导论	雷江华 主编	28元
特殊教育学	雷江华 方俊明 主编	33元
特殊儿童心理学	方俊明 雷江华 主编	31元
特殊教育史	朱宗顺 主编	36元
特殊教育研究方法（第二版）	杜晓新 宋永宁等 主编	39元
特殊教育发展模式	任颂羔 主编	33元
特殊儿童心理与教育	张巧明 杨广学 主编	36元

21世纪特殊教育创新教材·发展与教育系列

书名	作者	价格
视觉障碍儿童的发展与教育	邓 猛 编著	33元
听觉障碍儿童的发展与教育	贺荟中 编著	29元
智力障碍儿童的发展与教育	刘春玲 马红英 编著	32元
学习困难儿童的发展与教育	赵 微 编著	32元
自闭症谱系障碍儿童的发展与教育	周念丽 编著	32元
情绪与行为障碍儿童的发展与教育	李闻戈 编著	32元
超常儿童的发展与教育	苏雪云 张 旭 编著	31元

21世纪特殊教育创新教材·康复与训练系列

特殊儿童应用行为分析	李 芳 李 丹 编著	29元
特殊儿童的游戏治疗	周念丽 编著	30元
特殊儿童的美术治疗	孙 霞 编著	38元
特殊儿童的音乐治疗	胡世红 编著	32元
特殊儿童的心理治疗	杨广学 编著	32元
特殊教育的辅具与康复	蒋建荣 编著	29元
特殊儿童的感觉统合训练	王和平 编著	45元
孤独症儿童课程与教学设计	王 梅 著	37元

自闭谱系障碍儿童早期干预丛书

书名	作者	价格
如何发展自闭谱系障碍儿童的沟通能力	朱晓晨 苏雪云	29.00元
如何理解自闭谱系障碍和早期干预	苏雪云	32.00元
如何发展自闭谱系障碍儿童的社会交往能力	吕 梦 杨广学	33.00元
如何发展自闭谱系障碍儿童的自我照料能力	倪萍萍 周 波	32.00元
如何在游戏中干预自闭谱系障碍儿童	朱 瑞 周念丽	32.00元
如何发展自闭谱系障碍儿童的感知和运动能力	韩文娟，徐芳，王和平	32.00元
如何发展自闭谱系障碍儿童的认知能力	潘前前 杨福义	39.00元
自闭症谱系障碍儿童的发展与教育	周念丽	32.00元
如何通过音乐干预自闭谱系障碍儿童	张正琴	36.00元
如何通过画画干预自闭谱系障碍儿童	张正琴	36.00元
如何运用ACC促进自闭谱系障碍儿童的发展	苏雪云	36.00元
孤独症儿童的关键性技能训练法	李 丹	45.00元
自闭症儿童家长辅导手册	雷江华	35.00元
孤独症儿童课程与教学设计	王 梅	37.00元
融合教育理论反思与本土化探索	邓 猛	58.00元
自闭症谱系障碍儿童家庭支持系统	孙玉梅	36.00元

特殊学样教育·康复·职业训练丛书（黄建行 雷江华 主编）

信息技术在特殊教育中的应用	55.00元
智障学生职业教育模式	36.00元
特殊教育学校学生康复与训练	59.00元
特殊教育学校校本课程开发	45.00元
特殊教育学校特奥运动项目建设	49.00元

21世纪学前教育规划教材

学前教育管理学	王 雯	45元
幼儿园歌曲钢琴伴奏教程	果旭伟	39元
幼儿园舞蹈教学活动设计与指导	董 丽	36元